庫

料理の四面体

玉村豊男

中央公論新社

中公文庫版まえがき

『料理の四面体』を中央公論新社が文庫にしてくれるというので、ひさしぶりに読み返してみたら、予想以上に面白かった。文章には、いまの私なら使わないような余分な修飾や、若さゆえの過剰な自意識から来る外連味《けれんみ》が多少見られはするものの、これならもう一度この本を新刊として書店やウェブサイトの店頭に並べても、新しい読者を獲得することができるかもしれない……というのが私の読後の感想だが、こんなふうに自分の仕事をおおっぴらに自讃するのは老人の悪い癖で、私も若い頃は、歳をとっても絶対そういうことはするまいと、固く心に誓ったものだった。

いまから三十年前、東京都港区三田の明王院というお寺の境内にあるマンションの一室で、三十四歳の私は、料理本がいっぱい並んだ本棚に囲まれながら、この本を書いた。当時、私はバツイチの独身者で、ヒマさえあれば料理をつくってひとりで食べていた。いまでは考えられないことだが、和食ならそれぞれ一個ずつ選んだ好みの和食器を和風のランチョンマットにきれいに並べ、料理を美しく盛りつける。洋食なら洋食器を洋風に、中華料理なら中華食器を中華風に……。ふつう、ひとりなら、食べ終わったあと自分で洗いものをする手間を考えて適当にごまかすところだが、その頃の私は、どんな場合でもきちんとセッティングをしなければ気が済まなかった。いまの私がそういう男を見たら、救いようのない料理オタクか、気味の悪いナルシシストだと思って、軽蔑するか、軽蔑はしないまでも敬遠するだろう。が、そんな「料理男子」（という言葉はまだなかったが）でなければ、この本は書けなかったに違いない。

勝手に書き上げた『料理の四面体』の原稿を、友人が勤めていた出版社に持ち込んで編集者に読んでもらったが、きちんとした理論書でもなく、かといって役に立つ実用書でもなく、中途半端で出版に値しない、という理由でボツにされたことはすでにいくつかの著書で明らかにしている通りだが、後段に掲げる「復刻版のためのメモランダム」で記したC社というその出版社のイニシャルは、なにを隠そう中央公論社のCである。

そのC社が、「実質的倒産」して、C新社、として生まれ変わった。そして私の『料理の四面体』は、C社の代わりに鎌倉書房によって世に生み出された後、鎌倉書房の倒産、文春文庫版の刊行（と絶版）、宝酒《タカラ》生活文化研究所「酒文叢書」による復刻版単行本の刊行（と同研究所の閉鎖にともなう絶版）、と、三十年間の長い寄り道を経て、最初に私が出版を希望した版元から、新たな文庫として登場することになったのである（本文庫版のテキストは「復刻版」を原本とした）。

本書は当初好評をもって迎えられながら、なぜか絶版と復刊を繰り返す数奇な運命をたどってきたが、それはひょっとすると、本来この本が出版されるべき版元と、ちょっとしたボタンの掛け違いで、最初の段階にすれ違ってしまったからではないだろうか。だとすれば、今回の中公文庫版の刊行によって『料理の四面体』は最終的な（？）安住の地へとたどり着き、そこで新しい読者に新しい生命を吹き込まれて、幸福な余生を送ることができるだろう。終わりよければ、すべてよし。長く仕事をしていると、よいことがあるものだ。

二〇一〇年　初春

玉村豊男

復刻版のためのメモランダム

『料理の四面体』は、一九八〇年一〇月に鎌倉書房より刊行された。その三年後の一九八三年一一月には文藝春秋より文庫版として再刊され、今日に至っているが、文庫化とほぼ同時に単行本は絶版となった。

『料理の四面体』の原稿四〇〇字詰め三〇〇枚は、八〇年の五月に、正味二週間で書いた。そして――このことは拙著『エッセイスト』でも触れている通り――友人のつてを頼ってある大手出版社C社に持ち込んだがボツとなり、結局、当時私の別の本（『文明人の生活作法』）の刊行準備をすすめていた鎌倉書房が、それならついでにとこの本の刊行も引き受けてくれたのだ。私としては自信作のつもりだったが、あのとき鎌倉書房が拾ってくれなかったら、この本は果たしてその後日の目を見たか、どうか。まだ三冊の著書しか持たない駆け出しのライターだったから、大手出版社の信用を得るのが難しかったことはよくわかるが、この本の刊行を機に私自身が一人前のエッセイストとして足場を固めることができたという経緯を考えると、そうした出版社の決断が書き手の出現（ないしは不出現）

にきわめて大きな影響を与えることがわかる。また、鎌倉書房は一九九四年一一月に消滅し、件のC社も最近ついに実質的倒産に至った事情を考えると、まことに感慨深いものがある。

さて、名著の復刻である。

暗い過去の話はこのくらいにして、景気よくアドバルーンを上げることにしよう。アドバルーンを上げる？　ずいぶん古い表現である。いまの若い人にはわからないかもしれない。時代とともに、言葉や表現はどんどん変わっていく。しかし、変わらないものもある。〝四面体〟の原理はその変わらないもののひとつで、もちろん著者みずから〝名著〟と呼ぶのは冗談だけれども、一九年近く前に書いたこの本を是非昔のままのかたちで再刊したいというのは、私がこの何年か強く抱き続けてきた希望なのである。

初版の刷り部数は七〇〇〇部であった。

翌年三〇〇〇部の増刷、さらにその翌年二〇〇〇部追加。三刷まで行ったのだから出版社に迷惑をかけずには済んだが、よく売れた、とまではいえない部数である。が、発行部数のわりに反響が大きく、その後も長いあいだ、

「あの本はよく売れたでしょう」

と業界の関係者によくいわれた。読者の数はさほど多くなくても、読んだ人には強いインパクトを与えたのだろう。

強い支持を表明してくれる人は私の周囲にも少なくなかったが、料理をつくる人の世界からは、否定的な反応も聞こえてきた。

「料理があんなに簡単なら苦労しねえよ」

というのである。私が提示した〝料理の四面体〟は世界のあらゆる料理に共通する単純で明快な原理を指摘したものだから、当然といえば当然なのだが、たたきあげの職人としてはまるで現場の苦労を無にされたような思いを抱いたのかもしれない。私は、料理の原理は簡単だ、といったのであって、料理をつくることが簡単だといっているわけではないのだが。

フランス料理研究の第一人者であった故・山本直文先生からは、

「君は、ステーキはサラダである、などといっているが、それでは料理は全部サラダになってしまう。そんな馬鹿なことがあってたまるか」

という、怒りのお葉書をじきじきにいただいた。フランス料理の聖域を侵す粗暴の輩《やから》とでも思われたのだろうか。

しかし、一方では私の〝四面体〟を、調理科学の見地から実用的に有効なモデルと認知して論文等に紹介してくれる研究者もいるなど、さまざまな反響は本の内容を受け止める立場によって異なったものになるようだった。

私としては、料理、食べもの、食べること……に関心を抱くすべての人に、この本を読んでもらいたいと思っている。論理の遊びとして興味を抱かれてもよいし、実作の参考にひもといてもらってもよい。文庫化以来わずかずつ読者はついてくれてもいるようだが、もう一度ここであらためて復刻版として世に問うことによって、やや不幸なスタートを切った本書の過去を払拭し、二一世紀を迎える新しい時代に新しい読者を迎えたいと願うのである。

本書は、装丁（著者自装）もできる範囲で原本に近づけた。本文の組みも同じである。送り仮名等もあきらかな誤植を除いて原本の通り再現することを旨とした。内容も改変する必要を感じないので手を加えていないが、その後の知見を加えたほうがよいと判断した箇所にはコラムを新設した。また、冒頭のアルジェリア式羊肉シチューの記述が印象深いという読者が多かったので、私自身がそのときに現場で撮った写真を数葉、挿入することにした。

一九九九年　早春

玉村豊男

うまい話の発端

『挽き肉を使った料理三〇〇種』
『鶏料理三百六十五日』
『タマゴでつくる一〇〇のお料理』

本屋にはこういったタイトルのクッキング・ブックがいっぱい並んでいるが、それを見るたびに私は、家庭の主婦は大変だなあと思う。一般的に家庭の中で料理を作る役割を担わされている女性は、きっと毎日の献立《こんだて》に苦労しているのだろう。だからアイデアにつまって、そんな本の一冊に助けを求める気もちにもなるのだろうが、しかし挽き肉を使った料理ばかり三〇〇種類も続けて見るのは苦痛にちがいない。亭主のほうも、三百六十五日鶏料理では辛かろう。もちろん毎日続けるわけじゃないわよというかもしれぬが、それではバラエティーをつけようと思ったら何十冊ものクッキング・ブックを買いこまなければならなくなってしまう。そのためにおカネがなくなり、結局いちばん安い挽き肉と鶏で二年を過ごす。あとはタマゴで三カ月。

料理をはじめてつくるときには、人に教わるか本に教わるかして、この料理に使う材料は何と何、何が何グラムで何が何デシリットル、何を何して何とやらと、いわれたとおりにやらなければできないのは、ある程度しかたのないことだ。

そして数多くの料理を覚え、ひととおりの手順を知るようになると、無意識のうちに、こういうものはこうやれば料理ができるのだ、という、料理の一般的原理を手が探し当てていく。

そうなると、それまでの経験から類推して、基本的なやりかたをいろいろなケースに自分であてはめていくことができるようになり、本に書かれていない料理もどんどんつくれるようになっていく。『鶏料理三百六十五日』を読んでも、その中からいくつかのヒントを得て、さまざまの料理に応用していくことができるから、一冊で数年も暮らせるのである。

しかし、そうなるためには年季がいる。

具体的なことがらのひとつひとつを知り、覚え、実行していって、その経験の中から一般的な原理を導き出していこうという、いわゆる〝帰納的〟な方法は、オーソドックスではあるけれども、非常に時間のかかるものである。しかもそれはだれにでもできるというものではなくて、たいがいの人は一般的原理をつかむまでには至らない。だから『鶏料理三百六十五日』を全部丸暗記したとしても、三百六十五種類の料理しかつくれないのである。

イッパツで料理の一般的原理を発見し、それを知ったらあとは糸を紡ぐように引けば引くだけ次から次へと料理のレパートリーが無限に出てくる……というような方法がないものだろうか。

世界の国々を旅行して、いろいろなものを食べてみると、所変われば品変わるとはよくいったもので、まったく違った姿の料理が次々に出てくるが、いろいろ食べているうちにあまり驚かなくなってきて、そのうちに、結局料理はひとつ、世界は一家、人類みな兄弟というような感じになってくるものだ。所詮ヒトの営みはそう変わりようもない。風土によって、得られる材料や調味料は異なるとはいえ、料理の方法じたいにはそう変わりはないのではないか。そう考えていくうちに、料理の一般的原理を見つけることは案外やさしい仕事なのではないかと私は思いはじめたのである。大胆といえばひどく大胆、不敵といえばこのうえもなく不敵だが、得意の独断的論理により、わずかの実例から料理の一般的原理を強引に見つけ出してそれを呈示しよう、というのが本書の試みである。もしそれができれば、こんなにうまい話はないのだが。

一九八〇年　夏

料理の四面体　目　次

Ⅳ　刺身という名のサラダ

料理の四面体

I

料理のレパートリー

1　アルジェリア式羊肉シチュー

これはアルジェリアで教わった料理である。

もう一〇年以上も前のことになるが、私はアルジェリア南部の、サハラ砂漠に近いところをほっつき歩いていた。リュックひとつでヒッチハイクをしながら、アルジェリアからチュニジアへ抜けようとしていたのである。もちろんそんな辺鄙《へんぴ》を通るクルマは数少なく、ヒッチハイクといってもクルマに乗って移動した距離よりも歩いた距離のほうが長かった。はては砂漠を思わせるわずかな灌木がたまに生えているだけの荒野に野宿する羽目になりかかった。そのときは運よく夜半に一台のクルマが通りかかり、路傍の土管の中で、夏とはいえ夜間には気温が急低下して冷えこむ半砂漠の気候に震えていた私をそのヘッドライトが発見し、驚いたドライバーが急停車して親切にも私を彼の家まで連れていって泊めてくれたので助かった。そしてその明くる日の朝、礼を言ってその家を辞去してまたトボトボと道を国境に向かって歩き続けていたら、昼近くになって、こんどは路傍のアルジェリア人に呼び止められた。その近辺は、国境の町に近く、緑があって、オアシスと呼ぶの

はオーバーだが、路傍を小川が流れていて、川端に涼しそうな木陰がある。そこに数人の青年が集まってピクニックのしたくをしていた。その一人がトボトボと炎天下を歩いている私に声をかけたのである。よほどハラがすいているように見えたのだろうか、メシを食わせてやろうという。私は喜んでこの申し出を受けた。そう見えたばかりでなく、実際に私はひどい空腹だったのだ。

すでに七輪のような（まったくこれが日本の七輪に似ている）コンロに、炭火が真赤におこっている。

青年はそこへペコペコにゆがんだアルミの深鍋をかけ、大きなビンから黄色い濃厚なオリーブ油をドボドボと中に注いだ。そしてニンニクを袋から取り出して皮を剝き、手に持ったまま小刀で削ってたっぷり一個分を小片にして油の中に落した。

油は煮え立ってくる。

油の中のニンニクの小片の周囲にふつふつと小さな泡が立ちはじめる。しだいにニンニクの輪郭の白がキツネ色に変わりはじめ、香気が勃然とたちのぼってあたりを支配する。そのころあいに、青年は袋から骨つきの羊肉を取り出し、無雑作に鍋の中に放りこんだ。羊肉はあらかじめ骨ごと適当な（といってもかなり大きい）大きさにブツ切りにされている。

青年はその全部を放りこんだあと、鍋ごと揺さぶってオリーブ油を均等に肉片にからめながら炒めた。そして肉の表面に焦げめのついたころ、真赤な唐辛子の粉をかなりの量、上からバサバサと振りかけた。これは乾燥させた赤唐辛子を臼で挽いて細粉にした、あちらの市場でよく売られているもののようであった。独特の香気のあるこの調味料はアルジェリア料理に欠かせない。そしてもう一度鍋を揺すって混ぜ合わせると、次にさきの袋からよく熟した真赤なトマトを三つ四つ取り出し、ヘタは手でもぎとって小川に捨て、トマトはそのまま鍋の上で手で握り潰した。褐色の指の間から真赤なトマトの汁がほとばしり落ちて羊肉を染める。

次に彼は袋から大きなジャガイモを二個取り出し（まったくその袋にはいろいろなものが入っているのだ）、小刀で皮を剝いてから四つ切りにして（もちろんこの作業も空中でおこなう）鍋に放りこんだ。そして塩をふたつまみほど入れて、もう一度鍋を揺すると、あとは火の営みにまかせて鍋にフタをした。真赤に燃えさかっていた炭火はしだいに峠をこして勢いをうしない、あとは自然とトロ火になる。その変化にまかせて羊肉をじっくり煮上げようという寸法である。

川べりに敷いた毛布の上にわれわれは車座となり、お茶を飲みながら話をした。三、四〇分たったころだろうか、料理番の青年が、

「できたぞ」

と突然いった。

はたして私が鍋のフタをとってみると、一瞬素晴らしい香りがひろがり、くもった眼鏡をあわてて拭って中を見れば、そこにはふつふつと羊肉が煮えていて、ジャガイモにも汁がたっぷり滲みて見るからにうまそうだ。食べごろであることは一目でわかった。そして小皿にとりわけて食べてみると、臭みのまったくない羊肉が香り高いトマト辛子ソースと渾然一体になった、まったりとした味わいは絶佳の一語に尽きた。

この料理は、その後しばしば再現を試みた。

もちろん再現にはハンデがある。

砂漠近くのオアシスのような木陰、小川のほとりで鍋を囲む、豪快にして繊細な感覚の美は再現することが日本では不可能だ。この料理の美味のかなり多くの部分はそうした舞

台装置に支えられているのかもしれないから、その欠如はほとんど取り返しがつかない。

だが、残された範囲内において、せめてあのときの味と雰囲気に日本の都会の密室の中で迫ろうと、何度か挑戦したのである。

木炭七輪のかわりにガス・レンジ。

天然でなく人工的に精製された透明なオリーブ油。

骨ごと断ち切ったフレッシュなマトンのかわりにニュージーランド産冷凍羊肉の骨なし。

唐辛子は日本のでは香りが違うが、さりとてアルジェリア産は手に入らないから、メキシコ製チリ・パウダーで代用する。

ニンニクやジャガイモは近所の八百屋で売っているのでいいだろう。トマトは完熟した尻まで真赤なやつをどこかで調達する。水煮のかんづめやびんづめ、トマト・ペーストやピューレなどではいけない。

と、相当に小道具や材料が異なって、ここまでですでに出来上りがホンモノと大幅に相違しそうなことが確実に予想されるけれども、めげないでやることにしよう。

肝腎なのはつくりかたの豪快さである。

この点だけがホンモノとそっくりに真似のできる点であって、しかもそれがこの料理の味と雰囲気の再現のためにもっとも重要なポイントなのだ。

油は目分量でダボダボと注ぐ。ニンニクはナイフでおおまかに削って落す。肉は豪快に

投げ入れる(といってもこれは気分の話で、あまり勢いよく投げ入れると油がはねて危険である)。そしてハシなど使わず鍋ごと揺さぶって炒める……。

トマトを手で潰すことも非常に重要である。

ペーストやピューレではいけないというのはそのためだし、ブヨブヨの水煮トマトも抵抗感がないからダメ。完熟しているとはいえ一個の生きたトマトを、鍋に入れる寸前に手で握り潰す、その感覚が新鮮で野性的で、だからこそいつもと同じ台所の中にいながらどこか非日常的な瞬間を手に入れることができるのだ。

トマトは潰して汁を出すわけだが、掌の中に残った実や種、皮なども、そのまま鍋の中に入れてしまおう。こうすると煮上がったシチューの中に、細長く縒《よ》れた皮が混じることになるが、それは食べるときに皿の隅にでものければよい。これもまたひとつの野性味であると感じる心が大切である。

炭火でなくガスだから、いったん煮立ったあとはトロ火にするなど火加減に注意する必要はあるが、トロ火にしてからはときどき鍋を揺する程度で、フタをあけてかきまわしたりしないほうがいいだろう。じっと我慢してフタをしたまま、三〇分後にはじめてフタをとると、一挙にすばらしい香気がたちのぼる、その瞬間がまたひとつの愉しみでもあるのだから。

2　仔羊の背肉ポンパドゥール風

羊肉。ニンニク。唐辛子。オリーブ油。そして、手づかみ料理。アルジェリア式羊肉シチューはずいぶん野蛮で強烈で、ここは地の涯てアルジェリア、カスバの男の荒くれ料理のように思われるかもしれないが、スパイスの好き嫌いは別にして、実に料理は心意気であり、こうして豪快につくった一品こそ真に繊細な味わいを秘めているものなのだ。そして一見単純で無雑作きわまりないこの調理のプロセスは、さまざまの料理に発展する無限の可能性を孕《はら》んでいるのである。

たとえばこの野蛮で、強烈、

この章に挿入した三葉の写真は1969年8月25日に撮影された。川原の木陰で"羊肉シチュー"をごちそうになったのが昼少し前、上の写真は、青年たちと別れて徒歩で国境を渡ったあと、チュニジア側で再びヒッチハイクに立ったときのものである。

なアルジェリア式羊肉シチューと上品で洗練されたフランス料理のコトゥレット・ド・ムトン・ポンパドゥールとのあいだには、ほんの薄紙一枚の差しかない。

まずこのややこしい名前のフランス料理のつくりかたを説明しよう。

はじめにコトゥレット・ド・ムトンを炒める。

コトゥレット・ド・ムトンというのは、つまり羊の骨つき肉にほかならない。コトゥレットは、肋骨の背側についている肉を骨ごと厚く切りとったものを指す。ムトンは羊。羊や豚などはフランスではふつうアバラ骨つきのままの背肉を料理するのである。だからその肉を煮ようが焼こうが揚げようがコトゥレットはコトゥレットなのだが、日本人はたまたま最初に衣をつけて揚げたコトゥレットを目撃したのだろうか、これからカツレツなる一品を創作した。フランス語のコトゥレット・ド・ポール(豚肉)は英語でポーク・カトゥレット、それが日本語でトンカツとなったわけだ。

さてこの骨つき羊肉を、バターで炒める。——フランスでも地中海に面した南仏では植物油(オリーブ油)を調理に常用するし、西南部地方では豚の背脂(ラード)をよく使うが、首都パリや食都リヨンを含む主要な地域ではバターが基本になるので、一般的なフランス料理でものを炒めるときに使われるのはバターである。

厚手のフライパンにたっぷりのバターを溶かしたところへ肉片を入れ、強めの火でサッと両面を焦がしながら炒める。味つけは塩胡椒だけ。火が通ったら肉を取り出して熱した丸い大皿に円を描くように並べる。骨の先のところに、白い紙を切ってつくった飾りをつける。

そして、皿の中央の空いたスペースに、別に用意しておいた揚げたての小さなクロケット・ド・ポンム（イモ・コロッケのことだが、日本式の小判形ではなくクルミのような小球状につくる）をピラミッド形に盛り合わせ、さらに皿のいちばん外側にフォン・ダルティショー（朝鮮アザミの鱗茎の根元——小さな円盤状で薄いグリーン色をしている）をバターで炒め蒸しにしたものを〝王冠のように〟並べる。

一方、さきほど羊肉を炒めたフライパンをもう一度火にかけ、中に仔牛からとったブイヨン（出し汁）を少々入れて、フライパンについているバターと肉汁をよくこそげ落して混ぜ合わせてから、フライパンを火から外し、マデラ・ワインをふりかけて香りをつけ、そうしてできたソースを別の器に入れ、さきの大皿に添えて供する。

というのがコトゥレット・ド・ムトン・ポンパドゥールなる料理のつくりかたのあらましだ。

このつくりかたを聞くとやはりフランス料理のほうが複雑かつ文明的であるような印象を受けるかもしれないけれども、よく整理して手順をたどってみると、根幹はアルジェリアの野外料理となんら変わるところはない。ただ枝葉や末節がやたらにくっついていてその根幹が見えにくいというだけの話である。

肉をソテーして、その肉になんらかのソースをかけて食べる、というのはフランス料理のもっとも基本的な方法のひとつである。

ふつうはいったん炒めた肉を皿に取り出し、そのあとのフライパンにワインなり、スープ（出し汁《ブイヨン》）なり、生クリームなりを加えて残っている油脂と肉汁をこそげ落すようにからめとって混ぜ合わせ、少々煮つめてそれをソースとしてさきの肉の上からかけて食べることが多い。

要するに、肉から出たジュースを捨ててしまうのがもったいないから回収しよう、というのがソースづくりの基本の精神なのだ。

「フランス料理の生命はソースである。ソースには何十種類も何百種類もバリエーションがあって、その奥義を究めるには何十年もの修業がいる」（某料理解説書より）

という言葉は、たしかにどこも間違ってはいないけれども、この言葉におそれをなす必要もまったくない。ソースは家庭でもごく簡単にできるものだし、もちろんいろいろ複雑なバリエーションがあるとはいえ、素人である以上はなにも奥義を究める必要もないし、失敗したからといってフランス料理の生命を断つ心配もない。ソースの種類がたとえ何百種類あったとしても、そのすべてを覚え切れないことを気にする義理もない。それは、いろいろと難しい名前のついたソースの名前を覚えて、いちいちそのつくりかたを記憶し、その名前とつくりかたをつねに頭に入れておいて即座に再現しなければならない、といわれたら、これはたしかに困ってしまう。が、大レストランのシェフ（料理長）かソーシエ（ソース係主任）ならいざしらず、われわれ通常人にそんな要求を迫られるいわれがあるはずもない。

実は名前や由緒にこだわらなければ、基本の手順をひとつ知っているだけで、素人にも二〇や三〇のソースの種類はたちどころにつくりわけることができるのだ。いや二、三〇ではきかない、一〇〇、それどころか一〇〇〇種類といっても言い過ぎではないかもしれぬ。これは冗談でも誇張でもない、本当の話である。

肉を炒めたあとのフライパンに〝汁〟を入れて油脂・肉汁をこそげ落し混ぜ合わせることをフランス料理の言葉で、〝デグラッセ（霜とり）〟と称するが、デグラッセする〝汁〟のほうはワインでも生クリームでもブイヨン（出し汁）でもなんでもよい。つまりこの〝汁〟を変えることだけでさまざまの種類のソースができることになる。

ワインでデグラッセすればワインソース。

生クリームでデグラッセすればクリームソース。

この伝でいけばあっというまにソースのレパートリーがふえることはもうわかるだろう。そう、ワインといってもいろいろな種類がある。マデラワインを使えばマデラソースになるし、シェリー酒を使えばシェリーソース、ポルト酒を使えばポルトソース、といった具合になるはずだ。生クリームを使う場合でも、生クリームにマスタード（洋がらし）を加えればマスタードソースになるわけだし、粉チーズを加えればチーズソースができる。

ブイヨン（出し汁）を使う場合にはさらに種類がひろがってゆく。出し汁には仔牛の骨からとったもの（フォン）もあれば魚の茹《ゆ》で汁（フュメ）もあるだろう。どの出し汁を使うかで新しい種類のソースができる。さらにそれらを組み合わせて使うとなればまた飛躍的に種類がふえる。仔牛の出し汁に魚の茹で汁を混ぜる。魚の茹で汁のかわりに海老の茹で汁を加える。エトセトラ、エトセトラ。

酒・クリーム・出し汁。

この三種の神器《じんぎ》をたがいに混ぜ合わせればまたレパートリーは倍加し、さらにそこへ野菜その他を加えるといよいよ本格的になる。

たとえばフライパンにバターをさらに加えてタマネギ（手に入ればエシャロットのほうが理想に近いが）のみじん切りとシャンピニョン（洋茸）の薄切りを炒め、そこへ少々出し汁を注ぎ、最後にクリームを加えてまとめる。こうなれば本格ソースである。しかしスーパーへ行ったがマッシュルームは高過ぎて手がでない、というときでも、それだけでフランス料理の製作をあきらめる必要はない。かわりに安いシメジのパックを買ってくる。そしてつい〝本日のサービス品・広告掲載の品〟とあるコーナーの冷凍エビのパックも買ってしまったら、それもソースに使ってしまおう。バターでタマネギのみじんとシメジを炒め、一方小さな鍋で冷凍エビを溶かして、それを汁とともにフライパンに入れ、生クリーム（これは牛乳でもいいが、できれば料理用の甘くないクリームを手にいれていただきたい）をたっぷり加えてかきまぜる。それを炒めた仔牛（豚肉で代用したっていい）の上にたっぷりとかける。ありあわせの他の野菜をバターで炒めて（あるいは茹でたあとバターをからませて）添えれば、もうちょっとしたフランス料理である。まあ、砂漠の豪快料理を東京のアパートで再現する程度の違いはあるが。そんなふうにしてつくったソースの名前がわからなかったら、思いつくままにつけてみればいいのである。たとえば、「ソース・クルヴェット・オ・シャンピニョン・ジャポネ・ピーコック」はどうだろう。日本語に訳せば、「和風茸と小海老のソース孔雀風」である。和風茸はシメジのつもり。ピーコック（孔雀）はスーパーの名前である。最寄りのスーパーの名によっては〝洋海棠風《ヨーカドー》〟でも〝夜鳴鶯風《セブンイレブン》〟でもいいだろう。素敵な名前ではないか。

＊

さてソースの種類が変われば料理の名前が変わる。
同じ肉（たとえば仔羊）のソテーでもマデラソースをかければ仔羊のソテー・マデラソ

ース添えという名前がつくし、クリームソースをかければ仔羊のソテー・クリームソース添えという名になり、この二品は二種類の異なった料理として認知されるのがならわしだ。

ということは、数十種類のソースがつくれれば、一枚の肉から、数十種類の料理ができるということである。

そしてこれも当然のことながら、肉の種類が変わればレパートリーもその分だけふえることになる。

かりにいま手もとに、
1 バター
2 小麦粉
3 タマネギ（またはエシャロット、わけぎなど）
4 シメジ（またはシャンピニョン、椎茸など）
5 小海老
6 ワイン
7 生クリーム（または牛乳）
8 固形スープの素（または仔牛の出し汁）
という八種類の食品があるとしよう。

これらを組み合わせると、一一二種類のソースができる（左頁参照）。

バター	小麦粉	タマネギ	シメジ	小海老	ワイン	生クリーム	スープの素	（材料）／（ソースの名前）
○	○	○	○	○	○	○	○	小海老と茸のホワイトソースA
○	○	○	○	○	○	○	×	〃　クリームソース
○	○	○	○	○	○	×	○	〃　ワインソース
○	○	○	○	○	×	○	○	〃　ドゥミグラスソース
○	○	○	○	×	○	○	○	茸のホワイトソース
○	○	○	×	○	○	○	○	小海老のホワイトソース
○	○	×	○	○	○	○	○	小海老と茸のホワイトソースB
○	×	○	○	○	○	○	○	〃　C
×	○	○	○	○	○	○	○	☆
○	○	○	○	○	○	×	×	小海老と茸のワインソース
○	○	○	○	○	×	×	○	〃　ソースヴルーテ
○	○	○	○	○	×	○	×	〃　ベシャメルソース
○	○	○	○	○	×	×	×	☆

ソースの可能性　使う材料（○）と使わない材料（×）の組合せでどんな名前のソースができるかを考え、実際につくるのが難しいかできてもソースらしくないもの（図表中☆印のもの）を除外していくと、８種類の材料から、筆者の試算では112種類のソースができることになる……。

これを、牛肉、豚肉、鶏肉にそれぞれかけるとすれば料理のレパートリーは三三六種類、羊肉を加えれば四四八種類、肉ばかりでなくそれらのソースを魚の切り身のソテーにかければ五六〇種類、いや、魚の場合は魚の種類が変わるごとに料理の名前が変わるわけだから、もうこれでレパートリーは優に一〇〇〇種類を超えてしまっているはずだ。

この一〇〇〇余種の料理は、

「バターで肉（ないし魚）を炒め、炒めたあとのフライパンにちょっとした材料を加えて汁を注いでまとめ、そうしてできたソースを肉（または魚）にかける」

という、ごく簡単な基本テクニックから派生してきたものである。

これをたとえば肉は別に網にかけて直火で焼いて、ソースはソースで別にフライパンで（肉汁は入っていないがバターだけを落したところへ他のものを加えて）つくってその焼き肉にかける、ということにすればそこにまた新しく一〇〇〇余種の料理が誕生する。たとえば仔牛の網焼《グリル》きにシャンピニヨンソースをかければ、

「仔牛のグリル・シャンピニヨンソース」

となり、これはフライパンで炒めてつくった、

「仔牛のソテー・シャンピニヨンソース」

とは別種の料理となるからだ。こう考えてくると、肉を焼くかわりに茹でればまた一〇〇〇余種、また肉とソースを分けないで、炒めた肉のうえに直接他の材料や汁を加えて煮

こんでしまえばまた一〇〇〇余種と、倍々ゲームでふえていき、もうすでにレパートリーは四〇〇〇を超えてしまったではないか。

3　フィレンツェ風ビステッカ

イタリアのフィレンツェに行ったら是非とも食べてみたい料理がある。フィレンツェ風ビフテキ（ビステッカ・ア・ラ・フィオレンチーナ）というやつだ。フィレンツェの町のレストランのメニューにはたいがい載っているだろう。店先に掲げたメニューにBISTECCA ALLA FIORENTINAとあって、そのあとにたとえばETTO 800 LIREなどと値段が書いてある。これは一〇〇グラム八〇〇リラという意味で、そのすぐ横に〝一人前三〇〇グラム以上に限る〟と但し書きがついているのがふつうである。つまり一人前三〇〇グラム以上、あとは一〇〇グラム単位でいくらでも大きいやつを焼いてやろう、というわけだ。

このビフテキはいかにも単純で豪快なしろものである。

大きく切った牛肉に塩をして、よくおこった炭火の上にかざして焼く。ただそれだけのことだ。

焼き上がった牛肉は、強い炎に焙《あぶ》られて表面のところどころが炭の香りを残して焦げ、中にはおいしい肉汁をたっぷりと含んでいる。それをポンと皿にのせ、レモン一個を四つ切りにしたものを添えて客のテーブルに運ぶ。客は焼きたての肉にレモン汁をしぼりかけて食べる。

塩味と、レモンだけで、牛肉はいかにもあっさりとした風味になり、これならたしかに三〇〇グラム以上は知らぬまに食べられてしまいそうだ。

私はフィレンツェでこの料理をはじめて食べたとき、これは魚の塩焼きと同じだな、と思った。

牛肉をアジに、レモンを醬油《しょうゆ》に代えてみれば、ビステッカ・ア・ラ・フィオレンチーナはそのままアジの塩焼きになる。レモンと醬油を直接対比させるのは無理と思われるかもしれないが、ともにアブラっぽさを中和して爽やかにする作用を持っている点では同じ働きをするのだから、魚が肉に変わるように、所が変われば醬油がレモンになって不思議はないだろう。逆に焼肉に醬油をかけてもおいしいこと、焼魚をレモンだけで食べてもおいしいこと（アユにタデ酢、というのはこのバリエーションだ）いずれもあらためていうまでもなかろう、と、勝手に考えることにしたわけだ。

肉や魚を焼いても、醬油もレモンもないとなると少々淋しいが、それでも塩さえあればなんとか食べることができる。

ところで、それまでただ肉塊を火に焙っただけでなにもつけずに食べていた原始人が、貴重な塩を手に入れてそれを肉にすりつけて焼いたものを食べたときには、どれほどその美味に吃驚したであろうか。塩の他にはまだこれといった調味料は手に入れていなかったわけだが、とにかく、塩を加えると格段に味がひきたつし、だいいち塩をつけて肉を食べる方法を採用することで、彼の焼肉料理のレパートリーは一挙に倍増したのだ。

つまりそれまで彼は、

「野豚の素焼き」
「水鳥の素焼き」
「カエルの素焼き」
「人肉の素焼き」

しか知らなかったのに、塩を手に入れることで彼のレパートリーには、

「野豚の塩焼き」
「水鳥の塩焼き」
「カエルの塩焼き」
「人肉の塩焼き」

という新種が加わったのである。

塩のことはラテン語でサル SAL フランス語でセル SEL 英語でソルト SALT というが、これがフランス語や英語の〝ソース SAUCE〟の語源である。つまり塩は人類が最初に獲得したソースだったのだ。

その後、彼はレモン、または醤油、あるいはその両方かそれに類するもろもろの材料を得て、例の倍々ゲームで料理のレパートリーをふやしていった。そして彼の数十代目かの子孫にあたる人々が生きる時代には、ベシャメルだとかボルドレーズだとかドゥミグラスだとかナンテュアだとか、ウスターだとかマヨネーズだとかタルタルだとか、その他想像し得るありとあらゆる勝手な名前をつけた複雑きわまりない無数のソースが跋扈《ばっこ》していたのである。

4　ブフ・ブルギニョン

料理の基本的な方法としては、〝焼く〟というテクニックに対して〝煮る〟というテクニックがある。

煮るというのは、要するに肉(でも魚でも野菜でもいいが、いちいちことわるのは面倒だから単に〝肉〟といっておく）を、汁なしではなく、なんらかの容器に汁とともに入れてその汁の中で火の営みを授かる方法である。

たとえば牛肉を焼いて、それに別につくったワインソースをかければステーキのワインソースかけということになるが、鍋にいれた牛肉の上にドボドボとワインをかけてそのまま煮てしまえば牛肉のワイン煮、ということになる。

牛肉を適当な大きさに切って鍋に入れる。そこへワインをドボドボと注ぐ。全部ワインではもったいないから水かスープで割ることにしよう。強火で煮たて、煮たったらトロ火にして何時間か煮る。

こうすれば牛肉のワイン煮はできる。

しかしこれだけではあまりにも芸がないから、塩はもちろん胡椒などの調味料と、ニンジンやジャガイモなどといった野菜を加えたほうが、いっそう料理らしくなるだろう。

しかし、煮るというのは、肉の中に含まれているエキス（うまみ）を汁の中に放出するということでもある。煮ものはふつうその汁ごとすべてを食べるわけだから、エキスがどこにあっても（肉の内にあろうと外にあろうと）いずれにしてもこちらの体内に入ることになるのだから結局は同じことにせよ、ヘタをすると汁はうまいが肉のほうはパサパサで味がしないということにもなりかねない。

そこで人はこういう方法を考えた。

汁に浸す前に、肉を、サッと強火で炒めて表面に焦げめをつける。そうすると肉の表面に防護膜ができて、あとで汁の中にいれて長いこと煮てもエキスが完全に放出されてしまうのを防ぐのである。

この技術は発見されるまでにかなりの時間がかかったのではないかと思われるが、フランス料理ではこのプロセス(〝リソレ〟——表面だけに焦げめをつける)は煮込み料理には欠かせない下ごしらえの方法とされている。

アルジェリアのあの青年は、ちゃんとこの手順を踏んでいたのだ。別にフランス料理から習ったわけではあるまい。アルジェリアが長いことフランスの植民地であったことはたしかだが、世界の他の地域でもそれぞれに同様の技術が開発されていることから考えて、彼らも独自の経験でこのプロセスが必要であることを知っていたにちがいない。

アルジェリアの野外料理の場合には、炒めた肉の上から汁(トマトソース)をかけてそのままひとつ鍋で煮こんでしまったから、あの一品は煮込み料理(シチュー)の範疇《カテゴリー》に属することになる。

しかし、もしあそこで、いったん炒めた肉を別皿にとりわけ、残った油と肉汁のところへトマトの汁をしぼりこんで煮つめたものをその肉の上にかけたとすれば、あの料理は、

「羊肉のソテー唐辛子トマトソース砂漠風」

とでもいった別の名の料理になっていたはずだ(そのためには肉がある程度柔らかいか、

少し薄目に切る必要はあるが）。

そして、トマト汁と唐辛子とニンニクの代わりに仔牛の出し汁とマデラワインを、また、オリーブ油の代わりにバターを用いれば、その料理はたちまちコトゥレット・ド・ムトンに成り代わるわけだ。さらに骨の先端に紙飾りをほどこし、ジャガイモは煮ないでコロッケにしてきれいに積みあげる等、王朝風に装飾すれば、ポンパドゥール、という名を語尾に加えて勿体ぶってもよいというわけである。

さて、どうだろうか。こう見てくると、ひどく複雑な料理法も、根幹はごく簡単ないくつかの要素から成り立っていて、それが順列組合せみたいな倍々ゲームになって無数の枝葉や末節を繁らせているのだとは考えられないだろうか。

その枝葉や末節のひとつひとつを数えていったら当然のことながら数えきれない。その枝葉や末節のすべてを覚えなければ料理法の根幹に到達できないのだとしたら、どんな超人だって根幹には到達できないだろう。と、素人はこのあたりでハラをくって、少なくとも麗々しい名前に気押されない度胸が必要だ。

ブフ・ブルギニョンは〝ブルゴーニュ風の牛肉煮込み〟の意であるが、まず現代フランス料理界の寵児ポール・ボキューズ氏がその著書の中で紹介しているブフ・ブルギニョンのつくりかたを見てみよう。これが〝正調ボキューズ流〟である。

材料（六人前）
牛の腰肉一五〇〇グラム
豚の背脂（ラード）一五〇グラム
ベーコン二〇〇グラム
シャンピニョン四〇〇グラム
小タマネギ二四個
バター一〇〇グラム
小麦粉大さじ二杯
仔牛の足一本
コニャック一〇〇CC
ブルゴーニュ産高級ワイン一五〇CC
パセリ数本、タイム、月桂樹の葉

まず牛肉に豚の背脂を刺す（赤い肉のあいだに特殊な道具で細く切った脂身を刺し、霜降り肉のようにする作業）。そして塩胡椒したうえで深皿に移し、コニャックとワイン、香料をふりかけ、そのままよく浸して三時間置く。

一方、仔牛の足は、湯がいてからヒモでしばる。別に牛の骨をとり、よくたたき潰しておく。

三時間後に牛肉をさきほどの浸し汁（ワインとコニャック）から引き上げ、汁をよく切り、バターを溶かした鍋（厚手のもの）でリソレする（まんべんなく表面に焦げめをつけること）。

リソレし終ったら肉は別皿にとり置き、あとの鍋に小麦粉を入れてたえずかきまわしながらよく炒める（焦げつかさないように、しかしキツネ色に全体が色づくまで）。小麦粉が炒まったらそこへスープ（あらかじめとってある仔牛の出し汁《ブイヨン》）とさきほどの浸し汁（ワインとコニャック）を加え、そこへ別皿の牛肉を戻し、さらに仔牛の足、骨、豚の背脂についている皮だけを湯がいたもの、シャンピニョンの石突を、香料とともに加えて、鍋にフタをしてオーブンに入れて弱火で四時間煮る（スープはちょうど中身の全体が隠れるくらいの量をいれるわけだ）。

ベーコンを一センチ角のサイの目に切り、湯がいてからフライパンでバター炒めにする。ベーコンが炒まったら別皿に取り出し、同じフライパンに小タマネギを入れてきれいに色づくまで炒める。

鍋をオーブンにいれてから四時間たったところで取り出し、中から牛肉と仔牛の足を引き上げ、残りの汁をこまかい網目の濾《こ》し器にかけて濾す。濾し終ったらそのきれいな汁を鍋に戻し、その中に再び牛肉を入れ、仔牛の足もブツ切りにして入れ、さらにさっき炒めたベーコンと小タマネギ、石突をとり去ったシャンピニョン（これはナマのまま）を入れ、フタをして火にかけていったん煮たたせたあとオーブンに入れ、弱火でコトコトと約一時間煮る（すると汁は六〇〇CCかそれ以下にまで煮つめられて減り、ちょうどよい濃度になっているはずである）。できあがったら味をととのえ、大きい深皿のまんなかにまず肉を置き、その周囲に残りの中身をきれいに並べ、上から全部の汁（ソース）をかけて食卓に出す。

というわけで、準備段階から数えて八時間の苦闘の末、正調の一流品ができあがる。

われわれはこれをどこまで簡略化できるだろうか。

手に入る材料も、持っている道具も、そしてなによりも能力が大幅に制限されているわれわれが、ブフ・ブルギニョンと呼べるような料理をどう再現できるか。これはアルジェリア式野外料理の再現と同じかそれ以上に難しいかもしれないが、とにかく試みてみることにしよう。

5　牛肉のワイン煮込み庶民風

ボキューズ氏から拝借するのは次のプロセス三種。
(1) 肉をあらかじめ酒などの汁に漬けこんで（マリネして）おくこと。これは肉を柔らかくし、香りをつけるのに必要。
(2) リソレすること。
(3) リソレし終った肉にさきほどの漬け汁《マリナード》とスープを足して、いったん煮たてたあとトロ火で長時間煮る。途中で野菜を加える。
これだけである。

材料のうち、豚の背脂（皮つき）とか仔牛の足などは日本ではまず手に入らないから使わない。牛肉の、少し脂身のついたところに、できれば別に骨のかけらでももらってくれば上等だ。コニャックももったいないからよそう。ただしワインは一本買う。〝ブルゴーニュ風〟と銘打つ以上はブルゴーニュ産のワインを使うのが正統だが、国産ワインでゆるしてもらってもいいだろう。

厳格主義者はブルゴーニュ・ワインを使わなければブルゴーニュ風（ブルギニョン）と名乗ってはいけないというかもしれない。その意味では使う野菜もシャンピニョンと小タマネギ以外はダメ、ベーコンも必ず加えないかぎり〝ブルゴーニュ風〟といえないことになる。というのは、肉とともに料理する野菜類はその土地の風土と関連しているので、ブルゴーニュ地方でよくとれるシャンピニョンと小タマネギ、それにベーコンのサイの目切りを加えたワン・セットを〝ブルゴーニュ風添えもの《ガルニチュール》〟と呼び、ナントカのブルゴーニュ風、という名のついた料理には必ずブルゴーニュ風ソース（赤ワインを使ったワインソース）とともにこれらの品目が添えられるからだ。

でも、そう角張らなくたっていい。

実際にフランスの安レストランの中には、ワインはブルゴーニュ産（といっても一本三〇〇円かそこらの安ワイン）だが、ベーコンも小タマネギもシャンピニョンも使わず、そのかわりにニンジンを使ったり、あるいは全然野菜なしで牛肉だけボンと煮た一品を出して〝ブフ・ブルギニョン〟でござい、といっている店もある。

だからわれわれとしては、安レストランのひそみにならって徹底的に省エネするとすれば、使用材料は、

牛肉（一人あたり約二〇〇グラム）

バター（四人分として八分の一ポンド）

小麦粉適当量
ワイン一本（残りは飲む――飲んべえがいる家は二本）
パセリと、まあ月桂樹の葉を一枚。
これでいいわけだ。
あとは所定の三つのプロセスをきちんとやれば、ブフ・ブルギニョンの庶民風、というやつができあがる。ベーコン（薄切りでもよい）とふつうのタマネギのスライスを加えるとすればなおさらブルゴーニュ風に近づく。シャンピニョンまで入ったら最上等だ。残りのワインを飲みながらつづければ、うむ、なかなかの出来ではないか。
われわれの場合、牛肉ははじめから食べやすい大きさの角切りにしてつくるから、マリネする（ワインに漬ける）時間は一時間で充分だろう。またパセリはみじん切りにして、月桂樹の葉は煮上がったあとつまみ上げて捨てることにすれば、ソースを濾したりする面倒な手間は要らない。オーブンでなくガス台でいいことはもちろん。マリネのためのドンブリが一個と、鍋が一個、ガス台が一口あればできる。肉の質や量にもよるが、四人分なら二、三時間も煮ればいいのではないか。ただし煮ている最中にたびたびフタをとるとワインの香りが逃げてしまうのでフタをあけないこと（しかし焦げつかせないように）。
要するにこの手順は、例のアルジェリア式羊肉シチューとあまり変わりがないような気がしはじめる。

ブフ・ブルギニョン、というと洒落れてきこえるが、もともとはブルゴーニュ地方の庶民の料理。現在でもお惣菜に近い種類の一品で、だから安食堂などでよく出てくるのだけれど、本来はもっともっと素朴で、貧しい農家のカアちゃんが、今夜のおかずはどうすんべえ、かてえかてえ硬くて硬くて焼いても食えねえ肉サあるだべがどうすっぺ。ほんじゃあまあ煮こんでしまおうかの。とりあえずワインぶっかけてふやかすべか（ワインは自家製造だからタダなのだ）。と、朝、畑に出る前に肉にワインをぶっかけておき（これがマリネ）、三時間ほどして戻ってきて昼メシのしたくをするときのついでにバターで（バターも自家製造でタダ）炒めて（これがリソレ、こうするとおいしくできるというのはおばあちゃんの知恵）から、台所の隅の鍋に去年飼っていた仔牛が死んだときに骨からとったスープがあれ以来ずっと火を通してとってあるのでそれをザボッとすくって肉の鍋に入れ、カマドの隅のほうに置いてまた畑へ出かけてゆく。するとカマドの隅のトロ火で四時間、夕方戻ってきたころにはちょうどいいぐあいになっている。カアちゃんはちゃんと畑から小タマネギとシャンピニョンをひっこ抜いてきたからこれらをベーコン（ベーコンは台所の隅にいつもころがっていてときどきけつまづいたりしているのだ）といっしょに炒めてさっきの鍋に放りこむ。あとは家族揃って残りもののソーセージや野菜をかじって（これがフルコースの〝前菜〟に相当する）ワインを飲んでいるうちに小一時間たってしまい、ちょうどいいタイミングでブフ・ブルギニョンが食卓にのぼる、というわけだ。それにしてもボキューズのつくりかたとぴったり時間が合ってるなあ。

6　牛肉のすっぽん煮

基本はひとつ。

あとは風土によって手に入る材料が違うだけ。

バターやワインやシャンピニョン等が手近にあるブルゴーニュ地方でならブフ・ブルギニョンができるし、オリーブ油とニンニクとトマトが豊富に手に入るアルジェリアなら羊肉のトマトシチューができる。

と、すると、この同じ方法論を日本に適用したらどうなるか、と想像力をはたらかせるのが、料理のレパートリーをふやすコツである。

あちらのもっとも安い肉（牛または羊）に相当するものというと、日本では（最近はひどく高価だが伝統的には）魚肉ということになるが、日本は世界に冠たる〝コーベ・ビーフ〟の産地でもあることだし、ここはひとつ牛肉を使ってやることにしよう。

フランスのワインに相当するのはやはり日本酒だ。

これで基本的名称が決まった。

「牛肉の日本酒煮」

しかし本当にこんな料理が食べられるしろものになるのだろうか。

怖れずにやってみよう。

この、怖れずにやるという精神が、料理のレパートリーをふやし、料理のテクニックを上達させ、ひいてはナマコを最初に食べた人のように、人類に新しい天体をもたらす功労者を生むのである。

怖れずに、まず牛肉を（日本風というからにはハシで食べられる必要がある）比較的小さく、そう、二センチ角くらいの立方体に切り刻み、それを日本酒に漬けておくことにしよう。三〇分くらいでいい。

三〇分過ぎたら、リソレである。本来こうして油を使うことは、南蛮から伝わった技法であり、日本の風土にはなじみにくいが、すでに天ぷらその他で油を使う技術を完全に習得しているのだから、ここは油を使うことにしよう。油は大豆の白絞油《しらしめゆ》か、まあスーパーで売っているサラダオイルでもいいだろう、鍋にその油を落して、まずサイの目の牛肉の表面に焦げめをつける。

次にリソレされた肉の上からジャッと漬け汁を注ぐ。それから、スープ（つまり日本風の、昆布と鰹節でとった出し）を加えて、コトコトと小一時間がとこ煮こむことにしよう。

途中で長ネギでも加えることにするか。

さてこれはどんな料理になるのだろう。

日本酒は、日本料理の煮ものに少々入れて味と香りをつけるためによく用いられ、実際ほとんどどんな煮ものにも利用できるが、煮汁の主成分のひとつとして大量に用いることはあまりない。しかし、例外として、〝すっぽん煮〟という料理がある。

スッポンは、カモの味の豊醇とタイの味の淡麗を足して二で割って三倍したような、きわめて美味なもので、かつきわめて高価なものだけれども、やはり爬虫類に特有のちょっとした臭いがあるため、それを消す目的でたっぷりの清酒を出し汁に加え、ショウガをしぼりこんで煮る。

このテクニックは、他のものを煮るときにも応用できて、とくに性格の強い肉類の調理に効果的である。スッポンが高すぎて手の届かない庶民は、ナマズなどをぶつ切りにしてこの煮かたで煮て〝すっぽん煮〟と称するならわしだ。この場合はナマズをスッポンに見立てて代用しているわけで、『長屋の花見』で玉子焼きのかわりにタクワンを食べるのと同じ発想だけれども、煮る中身がなんであれ、たっぷりの清酒にショウガを加えたスープで煮る方法じたいを〝すっぽん煮〟と称することができる。

分厚い鍋に昆布を敷き、その上に焼き豆腐を横三つに切ってならべ、清酒四、水六をたっぷりはり、ことことと一時間ほど煮込み、醬油でお加減をして椀に盛り、二、三滴おろし生姜の露をおとしていただくのを「焼き豆腐のすっぽん煮」といいます。煮た豆腐は一度冷ますと固くて不味くなりますから、あつあつに洗いねぎを添えて召しあがれば、きっと美化された焼き豆腐の持ち味に驚かれることでしょう（辻嘉一『豆腐料理』より）。

辻留主人のいうとおりにこの料理をつくってみたら、なるほど美味であった。

こうした事例から推し測ると、牛肉の〝日本酒煮〟は〝すっぽん煮〟と改称してもいいように思われる。

マリネのとき、日本酒といっしょにショウガのしぼり汁を漬け汁に加えておく。たしかにショウガは、木の芽や三つ葉その他と並んで日本料理を代表する〝スパイス〟といっていいだろう。そして煮こむときのスープは日本酒（漬け汁）四、出し（または水）六、として〝すっぽん煮〟にふさわしい体裁をととのえておくことにしよう。

7　とんこつ

しかしそれほど苦労して創作しなくても、実は日本にもすでに非常によく似た、アルコールを用い、かつ野外料理ふうに豪快な郷土料理があった。薩摩《さつま》名物のとんこつである。とんこつ、は、豚骨、と書く。豚の骨、であるが、別に骨だけの料理ではなく、骨つきの豚のアバラ肉のことだ。鹿児島の肉屋へ行けば、適当な大きさにブツ切りにした骨つきのバラが〝とんこつ〟という名で売られているし、他の都会のスーパーでならば〝スペア・リブ〟という名で売られているだろう。スペア・リブはそのままオーブンかなにかで焼いて塩胡椒とレモン、あるいは醬油かタレをつけてかじると実にうまいが、たまにはこれでとんこつをつくってみる手もある。

スペア・リブを、まずたっぷりの油でサッと炒める。

この〝リソレ〟が終ったら、上からジャッと薩摩焼酎《しょうちゅう》を注ぐ。これもたっぷりとだ。日本酒よりも焼酎を常飲する薩摩隼人《はやと》らしい発想である。焼酎は蒸留酒であるから、日本酒をワインとすれば焼酎はコニャックにあたる。フランス料理の場合も、なにかを炒めたあとの鍋にコニャック（ブランデー）を注いでパッと火をつける（フランベする）という技法があって、つまりそうしてアルコール分をとばして香りだけを残そうというわけだが、とんこつをつくるときには焼酎を注いだまま強火で煮立てていればすぐにアルコール分は揮発してしまうだろう。あるいは自然に鍋に火が入り、ボッと燃え上がってフランべされるかもしれない。そこへ、味噌をたっぷりと落す。これも厳格主義者なら、薩摩のとんこつというからには薩摩の焼酎と薩摩の黒豚と薩摩の地味噌を使わなければいけないというだろうが、まあ味噌は中辛程度のものなら身近で手に入る味噌でよしとしよう。味噌を加えたら、黒砂糖かザラメを少し入れて味をととのえ、あとは弱火で煮こむこと約一時間（水はいっさい加えない）。一時間たったらコンニャクとサトイモを放りこんでさらに一時間、コトコトと煮こんだら、フタをあけてみたまえ、焼酎と味噌とが放つまろやかな香気が鼻腔をくすぐり、鍋をのぞけば艶やかな骨つきの肉片が、ふつふつ、ふつふつと湯気の奥で煮えている情景が眼をよろこばせるだろう。

とんこつは、焼酎を飲みながら食べるのが原則だ。ブフ・ブルギニョンはブルゴーニュ・ワインを飲みながら食べるのが常道であるのと同じく、料理に酒を使った場合はその使った酒と同じものを飲むのがよい。

さて、これが薩摩名物とんこつだが、材料やつくりかたをこうしてたどってみると、どうだろう、まさにブルゴーニュ地方の郷土料理ブフ・ブルギニョンの兄弟ではないか。われわれもまた、彼らと同じ財産を持っていたのである。

8　エマンセ・ド・ポール

ところでさきほどできあがった「牛肉のすっぽん煮」は、悪くはなかったが、かといってわざわざつくるほど価値のある味でもなかった。どこか日本酒と牛肉の風味が合わないのである。

ところが、醬油を落してみると、がらりと味がまとまってくるから不思議だ。フランス料理に義理をたてて、味噌とか醬油とかいった日本料理に欠かせない基本的調味料を使わなかったのがいけないのだ。本物のスッポンを煮るときにだって醬油味を加えるのだから、やはりはじめから醬油を使えばよかった。

こう考えて方法の細部を改良していくと、こんなふうになる。

まず肉を酒と醬油の合わせたものに漬けてマリネする。酒はあまり多いと（これは日本酒の質が悪いことにも関連するようだが）妙な匂いがあとに残るので、せいぜい醬油の量の半分かそれ以下にする。そのかわり少々の味醂《みりん》を加えるのもよい。漬け汁にはショウガのすりおろしたものを加えてよく混ぜておく。

鍋で少量の油を熱し、汁気を切った肉を炒める。そしてその上から醬油と酒を（漬け汁とは別の新しいもののほうがよいかもしれない）かけて煮たたせ（アルコールをとばして）、あとはトロ火で焦げつかないように煮る（出しは使わないことにする）。

こうしてできた一品は、もはやすっぽん煮とか日本酒煮とかいうよりは牛肉の佃煮に近くなり、日本料理としてまったく違和感はない。

強いていうならば、牛肉が角切りであることが日本風でないというべきか。マグロやカツオの角煮ならいいが、牛肉の角煮の場合はもっとサイズの小さいほうがそれらしいだろう。いや、それならばスキヤキ以来日本の牛肉のカッティング方法としてもっともポピュラーな、薄切りにしてしまえばいいではないか。

と、ここまで考えると、また新しいシーンが展開しはじめる……。

そもそも、部厚いゴロゴロした塊りの硬い肉だから長い時間トロ火で煮こむ必要も生じてくる。しかしそのまま煮こむとエキスが出すぎてまずくなるから、リソレするのだ。柔らかい、薄切りの肉なら、短時間炒めれば充分である。リソレではなく、ソテーすることになる——表面に焦げめのつくころは中まで火が通っているのだから。二センチかそこらの厚い肉でも、ステーキで食べられる柔らかいものなら、サッと表面を焼いただけで皿にとって、別につくったソースをかけて食べるほうが、長時間煮てしまうよりはおいしいのだ。

薄切り肉ならなおさらである。

薄切り肉を漬け汁（醤油、酒、味醂、ショウガ）にマリネしておいてから肉だけをフライパンで炒めて別皿に取り出す。そしてフライパンに残った油と肉汁を、さっきの漬け汁でデグラッセ（汁でのばしてよく混ぜ合わせる）し、そのまま中火で煮たたせて少し煮つめてから、別皿の肉の上にソースとしてかける。

この方法は例のコトゥレット・ド・ムトン・ポンパドゥールのときにも使ったフランス料理の基本テクニックを応用したもので、もしこの料理に豚の薄切り肉を用いれば、この料理の名は、

「エマンセ・ド・ポール・オ・ジャンジャンブル」

となるであろうが、もうすでにお気づきのとおり、エマンセは薄切り、ポールは豚肉、ジャンジャンブルは生姜、つまり日本語に訳せばこの料理は、

「豚肉の生姜焼き」

にほかならない……。

＊

こうして、

「アルジェリア式羊肉シチュー」

に発した料理の旅は、いろいろなややこしい名のついた作品を経て、

「とんこつ」

から、ついには、

「豚肉の生姜焼き」

にまで到達した。

いずれもがどこかで少しずつ違っているのに、そのくせどこか他のところで密接な共通点を持っている。

その共通点をたどりつつ旅を続けていくうちに、風土によって異なる景物が実は同一である世界をまったく異なったかたちに見せてしまうことを経験しながら、われわれはここまでやってきた。

その相違点ばかりを見つめていると、あくまでもそれらの料理は相互に関連のないまったくの別物ということになるが、共通点をたどってみれば、

「アルジェリア式羊肉シチュー」

「コトゥレット・ド・ムトン・ポンパドゥール」

「ブフ・ブルギニョン」

「豚肉の生姜焼き」

といった各種の料理は、実はひとつの同じ料理なのだ。色即是空、空即是色。ひとつの同じ本質が、時と所に応じてさまざまに異なる姿を人に見せるだけのことなのである。

——と、考えたほうが、少しは地平がひらけまいか。

Ⅱ　ローストビーフの原理

1　フライパン焼きローストビーフ

牛肉は高価だが、たまには贅沢にローストビーフをつくって食べることにしよう。

ローストビーフのつくりかたについては、いろいろな〝男の料理家〟がオリジナルな製法を発表していて、たとえばO氏は一キロくらいの塊りなら塩胡椒して野菜の切れはしをかぶせて電子レンジで一〇分も焼けば見事な一品ができあがるといい、K氏は二つのフライパンで両側からはさんでひっくり返しながら焼くとうまく焼けるといっている。いずれも卓見で、日本人の台所道具のレパートリーならこの二つの方法を心得ておけば充分だろう。ふつうの家庭では何キロもの塊りをまるごとローストすることはまずないだろうから、フライパンでも充分に焼けるにちがいない。電子レンジはいうまでもなく閉鎖的な調理器具だし、フライパン焼きローストビーフといっても、二つのフライパンを合わせて熱が中にこもるようにしている点で基本的にオーブンと同じ原理によって焼かれることになる。

どうもオーブンという道具は日本人にはなじみのない道具で、電子レンジはあってもオーブンがない、オーブンはあっても滅多に使わない、という家庭が多いのではないか。

ところが欧米の家庭ではオーブンは日常の必需品で、西洋料理の多くのものはオーブンがないとできないのである。

ローストビーフも、七面鳥の丸焼き（ロースト）も、オーブンがなければ本当はできない。

焼きものばかりか煮ものにも彼らはオーブンを常用する。鍋ごとオーブンに入れて、弱火なら弱火に調節して熱するのである。メインディッシュもデザート（ケーキ）も、オーブンなしではできあがらないことが多い。とくに家庭では煮物やローストをつくる機会が多いからオーブンは必需品だ。

たとえばパリの、ごく中流のアパート（アパルトマン＝マンション）の台所をのぞいてみよう。

広さはとくに広くはない。

しかし、その一角にドデンと、でっかいオーブンが据えられている。

そのオーブンのわきに調理台があり、調理台に続いて、流しと、レンジがある。

流しにとくに変哲はないが、レンジは日本のものとは異形である。

フランスでは料理のエネルギー源は電気が主で、ガスは従である。だから多くの家庭では（都市ガスも引けていなければプロパン・ガスもない家庭がむしろふつうである）レンジはガスレンジではなくて電熱レンジである。

電熱だが、コイル式の電熱器ではない。コイルに似たタイプのものもあるが、電線がラセンを巻いて赤く光る日本式のとは違い、太いニョロニョロの蚊とり線香のスタイルの金属が渦巻いているものだ。そして実際はこのコイル型よりも、ただの円盤があって、スイッチを入れるとその円盤の全体が熱せられるというかたちのもののほうがずっと多い。

いずれにせよ、要するにあちらの台所には、裸の火というものがないのである。台所の中で火の炎を見ることができない。オーブンの中には、グリルを組みこんだものもあるが、グリル（直火焼き用）とは名ばかりで、炎がでるわけではなくただ熱源を近づけて強い火力をあてるというだけの話。上火の使えるオーブン（サラマンドル）もあるがこれも大差はない。

だから、フランスの台所では中華料理はできない。

日本風に魚を焼く場合は、強火の遠火で焼くのが原則であるわけだから、直接炎があたらなくてもよい。したがって電熱グリルでも焼けないことはないが、中華料理というのは燃えあがる炎の中で手早く炒めたりしなければおいしくできない。中華鍋の底の四方八方から鍋の外壁を這うようにのぼってきた火炎が鍋の縁を舐める状態の中で炒めるから、野菜にしても肉にしても、エキスが外に流れ出す前に表面に膜ができて内部のうまみを確保することができるのだ（これはリソレの原理）。万が一、火が油に入ってボッと炎が眼よりも高くたちのぼったとしても、それはそれでいい。その炎は余分な油分をはねとばし、もしも醤油や酒が使われていればそれらの持ついやな臭いやアルコール分を吹きとばして、いい香りだけを残す作用をするからだ（これはフランベの原理）。（だいいち中華鍋の丸底は平たい円盤の上では安定しない）。

フランスの電熱レンジも高温にすると相当の熱さになり、黒い円盤は赤味を帯びて怒りはじめるが、それでも炎が発するまでには到らないから、中華料理をおいしくつくることはできない。

しかしふつうのフランス人は自宅で中華料理をつくろうとは決してしないからそれでもいいのだ。彼らの家庭料理のレパートリーは、鍋でコトコト煮るか、オーブンでジリジリ焼くのがおもなものだから、これだけの道具があれば充分なのである。

しかしこのフランス式電熱レンジは、慣れないとなかなか使いにくい。

なにしろ円盤を電熱で熱するのであるから、時間がかかる。

強火がほしいと思って目盛りをいちばんの強火に合わせてスイッチをいれても、実際にはトロ火からはじまって中火を経て、ほしい強火が得られるまでに相当な時間がかかる。また、強火から弱火にしようと目盛りを切り換えても、強から弱にはすぐ移行せず、中火を経て徐々に弱くなっていくのである。

だからガスのようにはいかないわけだが、この電熱レンジの熱の変化は、自然の火、つまり木や炭や石炭を燃やして得る火の営みに似ているような気がする。このレンジで煮こみ料理をつくるときは、まず鍋をかけないでレンジを強く熱しておいて、赤くなるほどになったら鍋をのせる。そしてすぐに弱火に切り換える。すると、まず煮ものは強火で煮たち、それから徐々にトロ火に移行していってあとはずっとトロ火が続く。真赤におこした炭火に鍋をかけ、あとは火の営みにまかせるのと似ていないか。

彼らのレンジは、実に素朴な道具なのだ。

オーブンも、これに似ている。

2 野宴式ローストビーフ

ローストビーフはオーブンで焼くのが本式である。電子レンジもフライパンも代用品であって、オーブンがなければ本当のロースト料理はできない。大きなオーブンにまるごとの鶏や牛肉の大きな塊りを入れて、四方八方から平均して熱を加えながら、ときどき肉塊を回転させ(焼きムラをなくし)、脂を下に落しながら焼きあげるのが本場の料理法である。

しかし、オーブンという調理器具が発明され、実用化されはじめたのは、一九世紀以降のことなのだ。ところがローストビーフなる料理はそれよりずっと以前から存在していた。ということは、オーブンのない時代から、昔の人はローストビーフをつくっていたことになる。

昔の、これこそ本当に正統的なローストビーフをつくるために必要な道具は、野外のたき火であった。つまり裸の火、炎を上げて眼前で燃える火が必要であった。

野外で宴を張ることは、太古の時代から現代にいたるまで、つねに人間の大きな愉しみのひとつである。

祭りに、一頭の獣をほふり、そのまるごとを太い棒で刺し貫いて高く掲げて支え、下から火をおこして、焙る。

たき火は燃えさかり、炎を上げ、熱気を上へ上へと送り上げて獣の肌をなぶる。獣の肌はしだいに熱気で炙《や》かれて褐色になり、脂をしたたらせながらうまそうな色合いに炙《や》きあげられてゆく。人は絶えず獣を貫く棒を回転させながら、ムラなく、じっくりと、あわてずに、全体を香ばしく仕上げるのだ。炙《や》きあがった獣は切り分けられて宴に供され、酒と歌と踊りの肴になる……。

ローストという料理法はこういうものであった。

ロースト、という語（これは英語ROAST）は、日本語に訳せば〝あぶる（焙る、または炙る）〟となる。

な
ど出ているが、やや曖昧だ。正確にいえば、裸火（直火）に近づけて、しかし炎に直接触れない程度の位置で火源からの熱線を受ける、ことである。などと、難しくいわなくても日常の語感で私たちは知っているだろう、あの、スルメをあぶる、というときの〝あぶる〟である。わりあい強い火を少し離れて受けるのである。このやりかたがローストだ。だから私たちも〝スルメのロースト〟をつくるやりかたと同じ方法で、ローストビーフをつくることができる。

台所のガスコンロに火をつける。

牛肉の塊りを太い串に刺して、それを両手で掲げ持つ。ふつうの身長の人なら高さが足りないだろうから、踏み台か椅子にのぼって、ガスの火から五、六〇センチ上につねに肉塊を位置させるように掲げ持って、まあ一、二時間も辛抱すればローストビーフは完璧に、古式の正統を踏んだスタイルに焼きあがるだろう。——ただし周囲はアブラがはね飛んでベトベトになるし、牛肉が焼きあがるより先に顔面がローストされるおそれはあるが。

3　鍋焼き牛肉

日本人は、魚は必ず直火にかざして焼くことを旨としているくせに、肉の塊りを直火で焼くことは少ない（ヤキトリは例外として）。

魚は強火にかざして焼く。串を打って、火炎からは少し遠ざけて焼く。しかし、ふつう肉塊よりは魚体のほうが小さいし、早く火が通るから、ローストビーフのときほどは遠ざけない。焦げめをはっきりとつける必要もあるし、あまり遠く離しては焼きあがる前に脂とともにエキスが流出してしまうからでもある。

ところが牛肉の厚切りを眼前にした場合、日本人はそれを直火で焼こうとはあまり考えない。ステーキの〝焼きかた〟、というのがいろいろな料理の本に出ているが、いずれもフライパンを用いての〝焼きかた〟を教えているのはそのためだ。

厚手のフライパンをよく熱して油脂を引き、そこへ肉片を落して片面を焼き、ほどよいタイミングでひっくり返す。

このほどよいタイミングというやつが難しいのだが、たしかにフライパンでも肉はうまく焼けておいしい。残りの肉汁をデグラッセしてソースをつくるにも便利である。

しかし本当は、こうして焼いた牛肉はビーフ・ステーキとは呼べないのである。正しいビーフ・ステーキとは、フライパンも油脂も使わず、直接燃えさかる火にかざして焼いたものをいう。直火焼きである。肉と火の間には、なんの異物も介在させない。これが本来〝焼く〟という言葉にふさわしい方法で、油脂を介在させるのは〝炒める（ソテーする）〟という方法である。

ここらへんの区別が日本語は曖昧だから、魚に粉をまぶしてフライパンでバターを用いて炒める〝ムニエル〟を〝バター焼き〟といって平然としているが、あれは焼魚《やきざかな》とは本来呼べないはずだ（ムニエルというのはフランス語の、粉屋のように——ア・ラ・ムニエール——という意味で、粉をつけて調理するのでそういわれる、バターにも焼きかたにも直接関係のない言葉である）。

だから、フライパンで焼いた〝ステーキ〟は、実はステーキではなく、せいぜい譲歩して〝鍋焼き牛肉〟くらいのところであろう（フランス語ではこれを牛肉の〝ポワレ——鍋《ポワル》で加熱したもの〟という）。

ステーキ STAKE というのはもともと、太いしっかりとした棒杭を指す語で、とくに火刑用の杭をさす、と辞書にはある。

火刑用の杭。つまり火あぶりの刑のときに人間をくりつける杭のことだ。

人間を杭にくくりつけ、下から火を燃やす。

こうしてできたものは人間のステーキ焼き、略して〝ステーキ〟ということになる。

実際には、人間を火刑にするときには、ジワジワと苦しませる必要や、見物人によく見せる必要があるために、長い棒杭の上のほうに人をくくりつけたから、火との距離は少し遠くなる。だからどちらかというとローストにも近いが、火の勢いが強ければステーキもできるであろう。

料理の方法に話を戻すと、結局ローストもステーキも、直火にかざすという点では完全に一致している。

ただし大きな塊りを焼くときにはあまり火に近づけると表面ばかり焦げてしまって中に火が通らないから、炎から少し離してジワジワと焼く。つまりローストする。

切り取った肉片を焼く場合には、なるべく火に近づけて手早く焼きあげたほうがおいしいので、ステーキはそうして焼く。

この後者の焼きかたは、今日では一般的に〝グリル〟と呼ばれている。グリルは焼き網のことだが、広く、直接に火に近づけて焼く〝直火焼き〟の意味に使われる。つまりビーフ・ステーキは、牛肉のグリル（直火焼き）のことで、ローストとグリルは火からの距離の差、ということになる。

4　英国風ローストビーフ

ローストビーフの本場は英国ということになっている。

英国の、古めかしい、ゴージャスなレストラン。ちょっと格式ばっていて、育ちがよくないと緊張せざるをえないが、たまにはそんなところへ、めかしこんで出かけていくのもいいだろう。というのも、ローストビーフは英国が本場といっても、町にあるありきたりの店では滅多においしいローストビーフにありつけることがなく、しかるべきレストランへいく必要がどうしても生じてくるからだ。

席に着く。

「ローストビーフ」

と、注文する。

しばし後、やってくるのは巨大なワゴン。その上の大きな銀の蓋をとると、これまた巨大な肉塊があらわれる。

ローストビーフというのは、とにかく巨大な肉塊を焼くものなのである。フライパンで焼けるような、せいぜい一キロ程度の肉塊（？）をローストビーフだと勘違いしていたわれとわが身が恥かしくなるような大きさだ。

ローストビーフは、表面がカリカリに焼けていて、中心に向かうにしたがって肉は赤味を増してウェルダンからミディアム、ミディアムからレアーへとしだいにナマ焼けになり、中心部は真赤に肉汁をたたえている、というふうにできあがるのが理想である。ただしそれを実現するにはある程度以上肉塊が大きくなくてはならない。

しかし国民性というのは面白いもので、ナマ焼けの牛肉を好むフランス人は、たとえ大きな肉塊を焼くときでも、なるべくナマ焼けに焼く。中心の周囲の赤いナマの部分が非常に大きい。比較的小さな塊りをローストした場合には、ウェルダンは肉の表面だけ、ミディアムの部分はほとんどなくてあとは全部レアー、というようなのをつくる。一方、英国人は、巨大なやつを焼くときでも、中までかなりよく火の通るようにローストするから、ほとんど中心部までがピンク色で、まったくの赤身（ナマ）の部分はないといっていい。

レストランでローストビーフを注文すると、

「お好みは？」

ときかれるから、ウェルダンのところをくれだのミディアムのところをくれだの答えなければならない。ウェルダンが欲しいといえば肉塊の表面に近い部分をくれる。なるほどこれはよく焼けている。ではレアーを、と注文すると、カーヴァー（切り分け給仕）は、外側から少しずつ肉片を削っていき、いちばん中心に近い部分のところを切って皿にのせてくれるが、それでも結構火が通っていてピンク色だ。フランス人にいわせればレアー(セニャン)ではなくてミディアム(アポワン)というところだろう。

この一件を以てフランス人は英国人を、

「食いものの味を知らない奴だ」

と断じるのだけれども、まあ好みの問題で致し方ない側面もある。

さてピンク色のローストビーフを、皿の上にのせてくれる。

そして、グレイヴィー(牛肉を焼いたときにたれて落ちる肉汁を調味したソース)をかけてくれる。

さらに、英国のレストランでなら必ず、ヨークシャー・プディングという、シュークリームの皮のような、パイのようなパンのようなものをひとつ皿のわきにのっけてくれるはずだ。ローストビーフは、いつでも必ずヨークシャー・プディングとともに食べるもの、と決まっているのだ。アユにたで酢、おでんに茶めし、サンマにおろし、鬼に金棒、坊主に袈裟というくらいのものなのである。グレイヴィーをかけたローストビーフにヨークシャー・プディング。そしてつけ添えにはホカホカとしたベークド・ポテトが欠かせない。

肉をナイフで切り、ヨークシャー・プディングもナイフで切り、両方にグレイヴィーをよくからませて、いっしょに(別々でも別に構わないが)食べる。

これが英国式ローストビーフの正しい食べかたである。

5 ヨークシャー・プディング

英国の料理書を読むと、ヨークシャー・プディングはこうしてつくると書いてある。

材料（六〜八人前）
小麦粉　半ポンド（二二五グラム）
タマゴ　三個
牛　乳　四分の三パイント（三七五ＣＣ）
塩少々と、牛肉の脂（ヘット）

作りかたは、粉と塩を混ぜ、タマゴを加え、さらに牛乳を少しずつ加えながらよく練り、それを、牛肉の脂（ヘット）を熱したものを引いたパイ焼き皿に入れ、オーブン（約二〇〇度Ｃ）で一時間ローストする。

これがふつうの作りかただが、レストランなどでは、タマゴの黄身と白身を分け、黄身だけを使って生地を練り、白身は泡立ててあとから加えるなど工夫して軽くつくりあげているようだ(この場合はタマゴを一個ふやして牛乳の量を減らし、ヘットの他にバターを加え、焼く時間も三〇分くらいにする)。

このとおりにやってみてもなかなかうまくいかないが、うまくいくとふっくらと生地が盛りあがっておいしいのができる。

ヨークシャー・プディングは、ローストビーフの添えものとして無くてはならぬものであるという地位を全国的に確立してしまったのであるが、もともとはイングランド北部のヨークシャー州の郷土食品であり、ヨークシャー州のみならず英国北部の寒い地方ではどこにもほぼ同様の一品をつくってロースト肉(牛肉とはかぎらない)とともに食べる習慣があった。

英国北部地方は、食料に乏しい、やせた、貧しい風土の地域である。肉の塊りを焼いて食うなど、滅多にありつけないごちそうだった。だからたまのごちそうのときには、精一杯食べたいが、そんな大きな肉は手に入らないので、肉のほかにこうした〝練りもの〟を食べてハラをふくらませたのである。いまではプディングはローストビーフといっしょに食べるものだが、昔は、まず最初に、一インチ(二・五センチ)以上もある厚い、大きく切ったプディングに牛肉の脂(ローストしたときにしたたり落ちる脂)をたっぷり滲み込

ませたものを〝前菜〟として家族の食卓に運んだものだった。するとたちのぼる熱い牛脂の匂いだけで、

「ああ、きょうはごちそうだな」

という思いが胸を満たし、次に大量の〝練りもの〟が腹を満たし、ついに本物のビーフが出てくるころにはあまり食べられなくなってしまう。

この作戦のために、ヨークシャー・プディングは発明されたのである。

他の国でも、たとえばチェコスロヴァキアではローストでも煮こみでも、たいていの料理にダンプリング——要するにスイトンのような、小麦粉を練り固めて茹でたもの——が添えられていて、おいしいけれどもおなかがはる。またドイツ、オーストリアではクヌードルという同じく団子のごときものをスープ等に入れて食べる習慣がある。いずれも発想はヨークシャー・プディングと同様であろう。

さて、問題のヨークシャー・プディングとローストビーフだが、まだオーブンという近代器具を知らぬ一八世紀以前の英国の家庭では、どうやって焼いていたのか。

ありていに言えば、暖炉で焼いていたのである。

家の中心にひとつの炉がある。

壁をなかばくり抜いて、その炉床に火を燃やし、煙は上方の穴から壁の中を通って外へ出ていくようにしておく。

これが西洋式の暖炉である。そして同時にこれは調理用のレンジでもあった。

あかあかと火の燃える暖炉。その火の前に、長い鉄串をわたして両側から支える。その鉄串に肉の塊りを刺し、回転させながらその肉を焙る。ローストビーフはそういうふうにしてつくる。肉からは絶えず焼けた脂肪がしたたり落ちるから、なにか受け皿を下に置かないと床がビチャビチャになる。しかしせっかくの脂肪をただ皿に受けるだけではもったいないので、小麦粉を練ったものを受け皿にいれておいてそれに牛脂を吸収させる。その練りものは熱い牛脂を吸収しながらみずからも暖炉の火に焙られて、ほどよいキツネ色にふっくらと焼きあがる。これが、ヨークシャー・プディングである。

ついでにジャガイモも、皮のついたままでいいから、炉床の灰の中にいくつか転がしておくことにしよう。ローストビーフが焼きあがるころには、ホカホカのベークド・ポテトになっているはずだ。

こうして、火で暖をとりながら、同時に、夕食のおかずがいっぺんにできてしまうのである。

お湯をわかしたければ、暖炉の上縁からぶらさげた鉤《かぎ》にヤカンの把手をひっかけておけばよい。鍋をかければスープだって煮ものだって思いのままだ。ついでにおじいちゃんが川で釣ってきたサケをカゴに入れて暖炉の上のほうに吊るしておけば、忘れたころに立派なスモーク・サーモンができあがっているにちがいない。暖炉は事実、万能調理器であった（ある意味で日本の囲炉裏《いろり》に似ている）。

英国ばかりではない、たとえばフランスやドイツやその他のヨーロッパの国のお城を訪ねると、広い部屋に、巨大な暖炉があって、その周囲に、鉄串だの、鍋だの、魚のかたちをした鉄具（くんせい製作用）などが今も残されている光景に出会うだろう。あの規模を小さくしたものが、一般の家庭にもあったのである。

しかし、暖炉というのは、考えてみれば、たき火を室内でやっているようなものだ。そこで調理までするというのでは、家の中で野宴を開いているようなものではないか、そんな〝前近代的〟な調理法を、ひとつ新しい機械文明にふさわしいものに脱皮させようじゃないか、という気運が、産業革命のころ、つまり一八世紀の後半から高まってきた。

アイデアは、要するに暖炉の改良（変形）である。そう突飛な発想は出てこない。

まず、暖炉の下半分を鉄板で覆ってしまう。

これで、火が直接目に触れなくなる。

最初はこのスタイルで、上のほうから肉などを吊るしてローストしてみたりしたが、どうも中途半端でやりにくい。

で、結局は火の上にもフタをしてしまうことを考え出す。これで火の全体を覆い隠してしまったことになる。そして前面の鉄板に穴をあけて扉をとりつけ、肉塊をそこから出し入れしてローストするようにした。上の鉄板の上に（平底の）鍋を置けば煮物もできるし炒めものもできる。当初は上板の一部を網目にしてグリル焼きができるようにしたものもあらわれたが、やはり火は直接目に触れないほうがより文明的ということなのか、一九世紀に入ると完全に上板を閉じた〝改良型〟のほうが普及しはじめた。その後グリル焼きはオーブンの下側の、直火にいちばん近いところの扉を開閉しておこなうようになり、今日われわれの知っている調理用レンジの原型ができあがってきたのである。

かくして、かつてはオープンにさらけ出してやっていたロースト料理の作業は、鉄の箱の中でコソコソとおこなわれるようになってしまった。

そして欧米では、一九世紀以降石炭にかわる新エネルギー源のうち、ガスはどちらかというと照明用として利用され、近代の台所の熱源はもっぱら電気が受け持つようになったこともあって、台所から〝炎〟が消えてなくなってしまったのである。

このために、〝ロースト〟という言葉の意味がねじまげられてしまったわけだ。

〝直火で焙る〟という本来の意味は、いまや、〝鉄の箱の中で四方八方から熱を受ける〟ということに変わってしまってきているわけだが、実際上は肉の塊りに及ぼす火力の影響という点ではさほど変わりないから、オーブンで〝ロースト〟するといってもまちがいではないだろう。裸火で焼くといっても炎からは離れているのだし、クルクル回転させて焼くのは四方八方からまんべんなく熱を加えるためなのだから。

6　スズキの香り焼き

油も水もいっさい加えずに、ただモノを直火にあててそのモノの状態を変化させる（ナマでなくする）という調理法のレパートリーをもういちど整理してみよう。

まず、火の炎に触れるほど近づけて焼く。

鉄串に刺した肉などを暖炉の火に突っこむようにしてパチパチと音を立てながら焼いて食べたりするのがこれだ。あまり炎に触れると表面が焦げ過ぎるが、焼きナスをつくるときなどはかなり強烈に焼いてよい。表面を黒焦げに近くして、その皮を捨ててしまって中の身だけを食べるからだ。トーストを焼くのに失敗して黒焦げにしてしまったときに表面をこそげ落して中だけ食べるのも〝焼きナスの原理〟であるが、いずれにせよこのように火に近づけて焼くのは〝グリル〟である。

やきとりや、うなぎの蒲焼きの焼きかたもグリルである。

魚も、〝強火の遠火〟とはいってもまだ立派にグリルの状態である。

庭先に七輪を持ち出して炭火をおこし、網をかけて、網の先から尾ビレがはみ出すほどの見事なサンマを強い火でじゅうじゅう焼き、脂がしたたりおちて焦げた煙がもうもうとあがり、目をやられて涙を流しながら舌なめずりをしたあの秋の日の思い出が、グリルというものの性質を理解させるはずだ。

スペインやポルトガルの海岸地方でも、よく浜辺でイワシの炭火焼きを食べさせる。炭火をカンカンにおこして、そこに金網にはさんだイワシをかざす。金網は二枚の網がちょうつがいでくっついたようなかたちになっていて、ハサミを操作するように開けたり閉めたりできるようになっている。そこにイワシを数尾はさみ、荒塩をパッパッと振りかけて火にかざす。片面が焼けたら金網ごとひっくり返して裏側を焼く。じゅうじゅうと脂が火に落ちてもうもうと煙があがる。こうして焼きあがったイワシを、シッポを手でもってまるごとかじりながらワインを飲むのがあちらの作法だが、その豪快にして美味であること、個性の強い青魚はこうして食べる――グリル焼きにする――のが最高であるという認識に東西の変わりはない。

南仏はコートダジュールあたりの、ちょっといい魚料理レストランへ行くと事はやや上品に変質するが、たとえば魚のフヌイユ風味香り焼き、などというメニューがあったら注文してみよう。するとかごに入れたいろいろなサイズの魚をギャルソンが客席の横に持ってきて、どれにしますかと問う。カゴの中の魚ではあるが、生け簀《いけす》に泳ぐ魚を指さして注文する日本の活魚料理屋と呼吸は同じである。

そこで一尾のスズキを選んだとする。一尾で二〜三人分の大きさだ。面白いのはいかにも価格とそれを裏づける実質の関係にうるさいフランス人らしくそのスズキの重さをはかることである。重さをはかって、スズキは一〇〇グラムあたり何フランですのでこれは一尾いくら、と値段が決まる。それを一人で食おうと二人で食おうとこちらの勝手だ（あちらのレストランでは〝時価〟というかわりに〝S・G――「重量にしたがって」という意味のフランス語の頭文字〟――とメニューに表示がある）。

すると選んだ魚を奥へ持っていき、下ごしらえをし、グリル焼きにしてくるが、その一応焼いた魚に、こんどは再びテーブルのすぐ横のワゴンで儀式めかして香りをつけるのだ。まずフヌイユ（南仏に生える茴香《ういきょう》）の葉枝を乾燥して束ねたものに、アルコール・ランプで火をつけ、魚体を掲げてその炎で下からサッと焙るのである。

こうするとフヌイユの独特の香りが魚の全体に移って風味が増す。

この香り焼きは結局身をほぐしてレモンと塩とオリーブ油を加えて食べるのだが、この料理も方法は〝グリル〟である。

7 アジの干物

直火に近づけて焼くグリル焼きの場合でも、火炎のみではなく、その周囲の熱せられた空気が微妙に味に影響を与えているようである。焙られることによって魚や肉から脂肪が溶け落ち、それが火中で燃えて香ばしい煙となり、たちのぼったその煙（つまり異物を含んだ熱せられた空気）が魚や肉に香りをつける。香草をわざわざ用いなくても、直火で焙ることとそれ自体が独特の味つけをほどこすことになるのである。火源の種類によっても当然この香りは変わってくる。土佐の名物カツオのたたきをつくるときにはワラを燃やした火で背皮の部分を焙るのが本式だとか、北京名物の烤羊肉《カオヤンロウ》（ジンギスカン焼き）には松の木の薪、それもナマではなく炭でもなくその中間程度にいぶし焼いた薪を用いて焼くのがよいとか、蒲焼きは備長炭でなければ、といった講釈も、直火焼きという単純な料理の方法が実は複雑な側面を持っていることを示している。

グリルよりももう少し火から離して焙る——つまりローストする——ことになれば、火そのものよりもさらに途中に介在する空気の働きが調理に影響を与えることになるだろう。

さらに、ローストよりももっと火から遠くに魚や肉を持っていったとしたら……。

これは、暖炉のずっと上のほうに吊るしておいた、おじいちゃんの釣ってきたサケの例である。サケには直接焙られるほどの熱気（火プラス空気）は当たらず、ただ温かい煙だけがやってきてサケの全身を包み、それが結局何日間かのうちにナマのサケを徐々に変化させてゆき、最後は〝くんせい〟といわれるもの——スモークド・サーモン——に変身させてしまうのである。

くんせいのつくりかたにはいろいろの手法があるし、現今ではふつうもっと直接的に煙を当てて（ただし直火は当てず）つくるようになってきているが、なにも特別な道具のない昔はこうしてくんせいをつくったのだ。

くんせい（燻製）は、燻《いぶ》すことによってモノを変化させる調理方法だから、よく燃えずにくすぶってモウモウと煙が出る（燻《いぶ》る）状態の中に置いてつくるのが言葉の意味だけれども、昔の製法ではそれほど大量の煙はまとわりつかず、どちらかというと、干物にいくらか煙の香りがついている、といった程度であったにちがいない。

これはハムのつくりかたと同じである。

豚のモモ肉の塊りをよく塩で揉み、あるいはしばらく塩に漬け、そのあと煙で少々いぶして香りをつけてから、風通しのよいところに吊るして干し乾かす。

というのが基本的なハムづくりの原理だが、途中の〝くんせい〟の工程は省いてしまってもいい。ただ、塩をしてから、風に干す。これだけで、ハムはできるのである。スペインはシェラ・ネバダの山中の寒気にさらしてかっちりと干しあげた名品ハモン・シェラノ（ハモンはハムのスペイン語、シェラノは〝シェラ・ネバダ〟のシェラで山の意味）だとか、フランスのバイヨンヌ、イタリアのパルマなどで産する生ハムの逸品はこうしてつくられる。途中で〝茹でる〟という工程を加えてつくられる、生ハムではない〝火入りハム〟にもチェコのプラハ・ハム、英国のヨーク・ハムなどの絶佳がある（し、われわれが肉屋で見かける妙なものもある）が、ハム製法の原点は、ナマのままの塊りを風に当てて干す、ということである。

こう見てくると、直火による料理法（途中に水や油を介在させない）には必然的に空気が働きかけてきて（だいいち空気がなければ火は燃えない）、その度合により、まず直火にいちばん近いグリル、続いて少し火から遠ざかったロースト、そしてさらに火から遠く離れたくんせい……と来て、最後はただの風干し、日干しの〝ひもの〟に、このラインは到達することがわかる。アジの干物もサンマの干物も丸干しもスルメも、塩をして干す工程では生ハム（豚肉の干物）の製法と同じである。

干物はしかし火を加えてつくるものではないではないか、と一瞬疑問が湧くかもしれないが、アジの開きがいっぱいに並べられている漁村を歩きながら、ふと空を見上げてみよう。雲に隠れているかもしれないが彼方には太陽があり、そこから熱線がアジたちの上に降り注いできているはずだ。

干物の場合はくんせいよりももう少し火から離れていて、火源との距離が一億五〇〇〇万キロメートルほどあるだけなのである。

Ⅲ　てんぷらの分類学

1 ポンムフリット

いまここに、油をいっぱいにたたえた大鍋があるとする。

その鍋を火にかけて熱する。

しばらくののちに油は静かに熱くなってすでに満を持している。

そこへ、なにを放りこむか。

たとえば昆布を一切れ放りこんでみる。

よく乾いた昆布を布で拭き、小片に切って、そのまま何もつけずに放りこんでみよう。

まだあまり油の温度が上がらないうちのほうがいい（油が熱すぎると黒焦げになってしまう）。

この〝昆布の素揚げ〟は、ビールのつまみにもよしお茶うけにもよし、滋味あふれる精進だ。

あるいはよく水を切った小海老をそのまま放りこむ。粉もなにもつけない。すぐにカラリと揚がって〝小海老の唐揚げ〟。これも結構なおつまみである。

フランス人が同様に鍋の油を前にしたときには、まず反射的にジャガイモの拍子木を放りこむだろう、と断定したくなるほどに、フランス人はフライド・ポテト（ポンムフリット）をよく食べる。とくに肉料理のつけあわせとしては欠かせないものだ。

大きなジャガイモを、なるべく大きな拍子木（底辺の一辺が約一センチ、長さが少なくとも一〇センチはある四角柱）に切って、水気を拭きとってから熱した油に入れる。粉もなにもつけぬ。からあげ、である。

ポンムフリットは、一度少し色づく程度に揚げてから取り出し、さめたあと、もう一度熱い油で揚げなおす。最初の揚げで表面に防護膜ができ、それが二度揚げのときに内側から押しあげてくる水蒸気を抑える働きをして、その結果、表面はカリカリに黄金色、中はホクホク、という一品が誕生するのだといわれている。なんでもこのプロセスを発見したのがフランス人だということで、フライド・ポテトの本場はフランス、と定評があり、英米ではフレンチ・フライ、ドイツその他ではポンムフリットまたはポンフリなどと訛ってはいるがいずれもフランス語をほとんどそのまま輸入して使っているほどだ。もっともそれに使うジャガイモはベルギー産が最高だ、とフランス人はいっているが。

フランスのレストランや食堂には必ずポンムフリット（略してフリットと呼ぶのがふつう）専用の四角い鍋（油の入ったプールのようなもの）があり、網でできたカゴが入るようになっている。大量にイモを放りこんで、揚がったら網カゴを引きあげればいいようにつくられているのである。家庭用にもそれを小形にしたような鍋が売られているほどで、それほど彼らは毎日のようにフリットを食べるのだが、そのくせ、油をプールのようにたたえた深鍋の中にジャガイモの拍子木以外のものを放りこもうとしないのが不思議である。

ただしフランスでも海岸地方ではしばしば魚の揚げものをする。使うのはもっぱら小魚。網にはかかったが売れもしないというような小さな雑魚《ざこ》を、ひとからげに油で揚げてしまうのである。海辺のレストランのメニューにもたまに登場して、

「フリチュール・ド・ラ・ベ」

と名づけられている。訳せば、

「入江の揚げもの」

である。はてと思ってレストランのガラス窓から外の景色を眺むれば、なるほど、左右に岬をかかえた入江がレストランの前にひろがっている。その入江でとれたものをとりあえず揚げた一品でございます、という意味なのだ。出てくるものは皿いっぱいに盛った小魚。体長三センチからせいぜい一〇センチといった小さな魚ばかりが揚げられている。魚の種類もいろいろのようだが、小魚の名前などフランス人にきいても彼らは知らない。

「この小魚はなんという名前か」

とたずねると、

「……小魚という名前だ」

とギャルソンは答えるだろう。

ラチがあかないから熱いうちにレモンをチュッとしぼりかけてアタマから骨ごと食べる。揚げたてのあつあつは、名こそ知らねど、すこぶるつきの美味である。よく冷えた白ワインにとてもよく合う。

フリチュール・ド・ラ・ベの気分は、かなりわが国のてんぷらを食べるときの気分に似ていると思う。

そういえば、

「江戸前の天ぷら」

というときの〝江戸前〟という言葉は江戸の前の入江、つまりいまの東京湾で獲れた魚介類を意味しているわけだから、てんぷらはフランス語に訳せば、「フリチュール・ド・ラ・ベ・ド・トキオ」である。ただしフランスの小魚はから、あげであってて、んぷらではないけれども。

2　サンダース式若鶏唐揚げ

からあげ、は、〝空揚げ〟とも〝唐揚げ〟とも表記される。

なにもつけないで揚げるから空揚げ、中国から伝わってきた調理技法だから唐揚げ、というのだろうが、多くの国語辞典では「空揚げ」を正字として採用している。

しかし、「からあげ」の名のつく料理のうち、まったくなにもつけないで揚げるものは非常に少ない。

たしかに、材料は水分を含んでいるから、大きなものを直接油に放りこむとハネがあがって危険であるし、油の温度が高いと急速に水分を失って黒焦げになる危険がある。イモ類のようにみずからのデンプン質がみずからの肌を守るようなもの以外は。

こうした危険を未然に防ぎ、外をカリカリ、中をホカホカにしあげるために、材料の表面に小麦粉をまぶしてから揚げるのがふつうの「からあげ」。フリチュール・ド・ラ・べもこれである。

若鶏に塩胡椒をしてから小麦粉をまぶし、油で揚げる。これがもっともシンプルなフライド・チキンの〝洋風〟。

若鶏を醬油、ニンニク、ショウガ、その他の中華スパイスに漬け（マリネし）てから小麦粉をまぶして揚げるといわゆる〝中華風〟唐揚げになる。また、ニンニクや中華スパイスを使わなければ〝和風〟と称することができるだろう（醬油でマリネしておいてから片栗粉をつけて揚げれば、竜田《たつた》揚げ、という、レッキとした日本料理の名前がつく）。

このあたりはすでにおなじみの応用問題だ。

スパイスを変えるといろいろな〝風〟が吹き抜ける。

あの白いスーツを着た白い髪と白いヒゲのニコニコしたおじいさんが両手をひろげて店の前に立っている〝ケンタッキー・フライド・チキン〟は、あのおじいさん、つまりカーネル・サンダース氏が長年の研究の結果、一一種類のスパイスを秘伝の割合で混ぜ合わせて小麦粉とともに若鶏にまぶして圧力釜で揚げた唐揚げを売って世界に進出した。ちょっとした応用問題にひとつの解答を出し、あとは広告宣伝をすれば巨万の富を得られるという一例である。

ケンタッキー・フライド・チキンのスパイスの配合は知り得べくもないが、どうもあのセンスは東欧系のものではないかという気がしている。

ハンガリーの首都ブダペストのレストランで、メニューの言葉がよくわからない（ハンガリーのマジャール語というのは東西の要素が混淆した複雑怪奇な言語なのだ）ので、近くの席の人が食べているモノをひそかに、メニューを見るふりをしながら観察していたら、斜め左前方のお婆さんが、なにか唐揚げのようなものを食べているのを発見した。

それをひそかに指さして、あれをくれとジェスチャーでウェイターに注文すると、彼がしばらくして私の眼の前に運んできた皿の上にのっていたのは、まぎれもなくケンタッキー・フライド・チキンであった。いや、少なくともそれにそっくりに見えた。食べてみると風味も似ている。そしてつけあわせに添えられていたのはキャベツのせん切りのサラダ。アメリカでいう〝コールスロー〟と同じものであった。

この一件以来私は、サンダース元軍曹殿は東欧系移民の血をひいているか、あるいは東欧系移民の知人の料理にヒントを得てあの唐揚げを案出したのではないかと、これもひそかに推測している。

3　ルーマニア風とんてん

東欧は、揚げものの宝庫である。

東欧料理の主流はやはり煮ものやロースト、ひき肉の焼きものといったところだから、揚げものにも見るべきものがある、といったほうが正しいかもしれないが、ルーマニアの黒海に面したリゾート地、東欧のニースと称される（実際は全然違うが）保養地ママイアの海岸で食べたとんてん――豚の天ぷら――はおいしかった。

これは豚肉の、比較的厚めに切ったロース肉に、てんぷらのそれに似た衣をつけて、たっぷりの油で揚げたものである。屋台のような〝海の家〟の売店で、揚げるそばから店頭に並べるのが飛ぶように売れていた。塩味だけで食べるのだがとてもいい味だ。他に白身魚のてんぷらも売っていた。まったくこれは日本のてんぷらそのものといっていい。もちろん関西風てんぷらの白くハラハラと触れなば落ちん風情《ふぜい》の花のごとき軽やかで繊細な衣とは異質の、よく練った小麦粉を溶いてたっぷりしっかりとつけた武骨な衣ではあったけれども、その方法論の本質においては何の差異も見出せなかった。またブルガリアの田舎町の屋台店で食べたチーズのてんぷら（白いポソポソとしたチーズに衣をたっぷりとつけて揚げたもの）も実に美味であった。これなど日本でもおおいに試みてみたい一品である。もっとも日本でもとんてん（ただし薄切り肉）をおいしく食べさせる店もあればアイスクリームのてんぷらを売りものにしているてんぷら屋もあるから、すでに発想はかなり自由に飛翔しているようだが。

てんぷらの語源は諸説紛々百家争鳴でおさまりがつかないが、その渡来元と目されるポルトガルでは現在でも野菜に衣（タマゴと粉）をつけて揚げた料理を〝テンプラ〟に近い発音で呼び、常食しているそうで、もしそれがわが国のてんぷらの語源だとすると、日本へ伝わってきた最初の天ぷらは精進揚げで、それが日本の食習慣に応用されて魚のてんぷらに発展したということになる（平野正章『てんぷらの本』）。しかし、かりにそれが正しいとしても、魚に衣をつけて揚げるという技法は決して日本人だけが発見したわけではなく、世界のあちこちで独自に開発されていたのだと考えるほうが妥当だろう。

東欧の例のほかにもうひとつつけ加えるならば、イギリスのフィッシュ・アンド・チップスというのがある。

これは町なかの屋台店のようなところで、店先で揚げたてのを紙にくるんでもらって立ち食いするスナックでもあるが、安食堂のメニューにもよくのぼるし家庭でもつくる、白身魚の切り身のてんぷらに、チップス――フレンチ・フライド・ポテト（前出）のことを英国人はこう呼ぶ――を添えたものだ。白身の魚はタラかメルルーサかそのたぐい。つける衣は小麦粉をタマゴと牛乳で溶いたもので、よく練ってパイ生地のようにしてから魚につけるので部厚く、表面はカリッとして中はボテッとしたものだけれども、技法がてんぷらであることにまちがいはない。フリチュール・ド・ラ・べとは違う。

〝空揚げ〟と〝てんぷら〟の違い。

空――なにも無い――といいながら、粉をつけることは許される。しかし、衣をつけてしまってはからあげではなくなるのだ。そこから先はてんぷらになる。

衣というのは、粉をなんらかの液体に溶いてつくった結果できるドロドロとした流動体である。粉は小麦粉でも片栗粉でも本葛《くず》でも豆粉でもトウモロコシ粉でもよく、液体は水でもタマゴでも牛乳でもなんでも、あるいはそれらの一部または全部を適宜混合したものでもよく、さらにそこに少量の油脂を加えてもよい。からあげを、何もつけないか粉だけをつけて揚げたもの、と定義するならば、そうしたさまざまの種類の衣をつけて揚げたものはすべててんぷらと呼ぶ、と広く定義しても不都合はないだろう（和風のてんぷらの衣は卵黄を冷水で溶いて小麦粉を落したものであるのが常識であるとしても）。こう考えるとてんぷらはひとりわが国の特産ではなく、ほとんど全地球市民に共有の財産ということになる。

4　車海老の変わり衣揚げ

トンカツのカツという語が英語のカトゥレットから派生してきたことはすでに述べたが、カツとてんぷらがどう違うかといえばカツの衣にはパン粉がついているということだ。カツは、まず小麦粉をまぶし、それに溶きタマゴをつけ、その上をパン粉で覆ってから油に入れる。小麦粉とタマゴといえばてんぷらの衣の構成要素だ。水を加えないといっても溶いたタマゴは液状だし、カツの場合タマゴに牛乳を加えることもしばしばおこなわれる。手順が少々異なるにしても、カツの、パン粉をつける以前の状態は広い意味でのてんぷらの（揚げる前の）状態と同じだといっていいだろう。つまり、

（てんぷら）＋（パン粉）＝（カツ）

という等式が成立する。

と思うと、ここが日本語の難しいというかいい加減なところで、必ずしもそうはいかない。

なぜなら、豚肉やアイスクリームの衣揚げはてんぷらと呼ぶくせに、魚介類のパン粉揚げはカツと呼ばずフライというからだ。

このややこしさは、カツ（カトゥレット）という、肉の一部分の名称をまるで料理法の種類の名であるかのように錯覚してしまったのが原因だ。実際は、カツとフライは中身が違うだけで料理法は同一である。

もしもこの曖昧さを糾弾し、正しい分類学上の名称をつけようとするならば、これらの料理は、

(1)　なにもつけずに揚げたもの

(2)　粉をつけて揚げたもの

(3)　粉を含む流動物質をつけて揚げたもの
(4)　粉を含む流動物質にさらに別の固形物質をつけて揚げたもの
という四種類に分類されるべきであろう。

しかし、天ぷら屋へ行って、

「車海老に粉を含む流動物質をつけて揚げたものをくれ」

というのも雰囲気がないから、もう少しなじみやすい名をつけることにすると、これらの四種の料理は順に、
(1)　素揚げ
(2)　粉揚げ
(3)　衣揚げ
(4)　変わり衣揚げ
といったものになるだろう。こうすれば〝揚げる〟という基本的調理法はどれも同じで、下ごしらえの段階における材料のレパートリーによって料理のレパートリーが変化していくさまがはっきり見てとれる。

〝変わり衣〟という言葉はすでに日本料理の中で認知されていて、てんぷらの衣に抹茶を加えて緑色にした「挽茶ごろも」、ソバ粉を加えた「蕎麦ごろも」など何種類もあり、ハルサメを短かく刻んだものを衣につけて揚げた「春雨揚げ」や、ソウメンを三センチほど

に折ったものをまぶして揚げる「千本揚げ」などといった変わり衣揚げにもよくお目にかかる。このときにハルサメやソウメンのかわりにパン粉を用いて車海老を揚げれば「車海老の変わり衣揚げ」つまり、なにを隠そうおなじみのエビフライになるわけだ。

5 目玉焼き

まったく料理の名前は非合理的でわかりにくい。目玉焼きというから目玉を焼くのか目玉で焼くのかと思うと、目玉みたいなかっこうに焼くのだそうである。が、実はこれは間違いとはいえない。この命名は、いちおう一般的な法則にかなっている。「焼き××」というと××を焼いたもの（焼き魚、焼きナス等）で、「××焼き」というと、××で、または××ふうに、焼いたものをいう（鉄板焼き、味噌焼き、お好み焼き等）からだ。目玉を焼いた料理は「焼き目玉」である。

フランス語では目玉焼きのことをウフ・シュール・ル・プラ、またはウフ・オ・プラ、さらに略してウフ・プラ、という。〝皿（の上の）タマゴ〟という意味である。しかし皿の上にタマゴがのっかっていてなにがおかしいのか。フランス人はこれが料理の名前だという。いかにも杜撰《ずさん》である。これとくらべると、あの形状を見事に表現し、かつ目玉のタマをタマゴの玉にひっかけた言葉遊びの妙をみせる日本語の命名は素晴らしいというほかはない。

英語では目玉焼きはフライド・エッグだ。タマゴのフライ。

もちろんフライという言葉は、ポテトフライ、フライド・チキン（鶏のフライ）で見てきたように、パン粉がつこうとつくまいといっさい関係のない、ただ〝揚げる〟という意味だけれども、はて〝揚げタマゴ〟とは面妖な、と思いたくなる。しかし真実は、このフライという言葉こそが油脂を用いた料理法のすべてをカバーする名称なのである。

われわれはこれまでこの章でとりあげたいろいろな料理を〝揚げる〟という共通項でくくった。あとは下ごしらえの材料の違いが料理の名称を変えることを見破った。それは正しく勝利なのだけれども、〝揚げる〟という言葉だけでは本章に包含されるすべての料理――油脂を用いて調理したもの――をカバーすることは不可能だ。

フライパンに油を落とす。バターでもいい。そこへタマゴを割り落とす。黄身をこわさず、広がった白身のほぼまんなかに位置するように注意深く割り落とす。そしてそのまま火力を加えつづける。つまりタマゴを油脂で〝炒める〟のである。フライパンにフタをして炒めれば少々蒸されて黄身の表面が白っぽく濁る。フタをしなければ黄身は黄色く仕上がる（アメリカ人のいう〝サニー・サイド・アップ〟である）。

だから目玉焼きは正しくは、

「タマゴの姿《すがた》炒め」

とでも呼ぶのがわかりやすいが、いずれにしても〝炒める〟のであって〝揚げる〟のではない。英語の〝フライ〟という語はしかし、〝炒める〟も〝揚げる〟も両方ひっくるめて指す言葉なのである。

果物のジュースを飲むかグレープフルーツの半身を食べるかしたあと、コーンフレークスなども食べ、さらにハムかベーコンにタマゴ料理を添えた一皿を食べて薄くてまずいコーヒーをガブガブ飲むのがアメリカン・ブレックファースト――米国式朝食である。

それをアメリカの、ホテルか街のドラッグストアかスナックで食べるとすると、必ずタマゴの料理法をたずねられるのがならわしだ。

「タマゴはどうしますか？」

どうしますといわれても困るのだが、これは、
(1) 目玉焼き（フライド・エッグ）にするか
(2) 煎りたまご（スクランブルド・エッグ）にするか
(3) 落したまご（ポーチド・エッグ）にするか
(4) 茹でたまご（ボイルド・エッグ）にするか
(5) 玉子焼き（オムレット）にするか

このうちのどの料理法でタマゴを処理することをあなたは望むかときいているのだ。

それはわかっているのだが、突然、

「フライにしますか？」

などといわれると、一瞬、タマゴを割って熱い油をたたえた鍋に直接落すようなイメージが脳裡をよぎって、そんなことをしたらコックの目玉が火傷するんじゃないかと心配してノー、ノー、なんていいそうになってしまう。

私たちはどうもフライというと〝揚げる〟ものと思い込みがちであるが、フライド・エッグは〝揚げタマゴ〟ではなくて〝炒めタマゴ〟なのである。しかし万が一コックが間違ってタマゴを揚げてしまっても、それもやはり〝フライド・エッグ〟と呼ばれることになるだろう。

英語では、〝炒める〟も〝揚げる〟も、両方ひっくるめて〝フライする〟という。

そして、少量の油でフライするときには、パン・フライ（鍋フライ――炒め焼き）あるいはシャロウ・フライ（浅フライ――炒め揚げ）、大量の油の中に材料を泳がせてフライするときにはディープ・フライ（深揚げ）といって区別をつける（目玉焼きの場合はパン・フライ――炒め焼き、ということになる）。

この命名法は、実に合理的だ。

火の熱を油脂に伝え、その油脂の熱で材料を調理する。この作用を〝フライ〟と呼び、油脂の量の多寡はそれを形容する語で表現する……。と、考えたうえでの命名なら実に素晴らしいのだが、どうやらそうでもないようだ。実際には揚げものの料理のレパートリーが非常に貧弱だったのではじめそれに相当する語がなく（大量の油を手に入れることは難しかったのだろう）、あとになってふつうのフライ（炒め）と区別するためにあわててディープ（深い）という語を頭にくっつけたもののようだ。それも深いの浅いのと区別するのはよほど特別の場合だけで、日常のシーンではいちいちディープ・フライド・チキンとかパン・フライド・エッグとは言わない。フライド・チキンといえば鶏の唐揚げを持ってくるし、フライド・エッグといえばタマゴの姿炒めを持ってくるだけの話である。

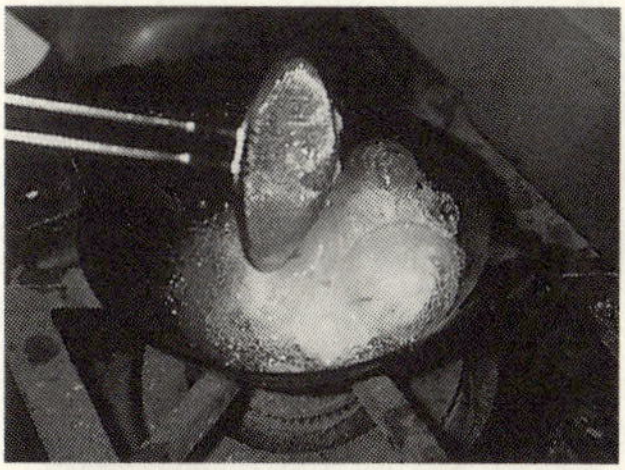

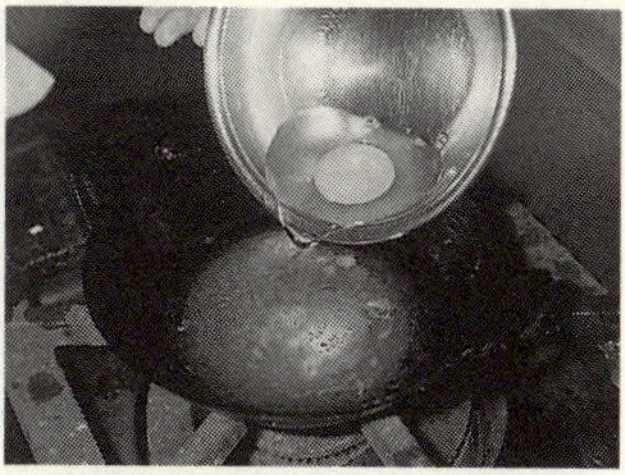

左　鍋に油（サラダ油、ゴマ油など）をたっぷり入れて熱する。油の表面がこまかくふるえ、うっすらと煙が上がりはじめる頃がタマゴを落すタイミング。油の温度が低いとタマゴが鍋の底にくっついてしまう。

右　小型のボウルに、タマゴの中身をこわさないように割り入れる。鍋の上で殻を割って直接中身を落してもよいが、かたちが崩れてうまくまとまらないおそれがある。

ディープ・フライド・エッグ

ナマのタマゴを割って、熱い油をたたえた鍋に直接落す……という情景を想像するとたしかにこわいが、実は、まったくそのままの料理が存在するのである。

揚げタマゴ。私はタイのバンコクの、とある市場の屋台店で目撃した。溶いたタマゴを糸のように油に落し込んでいくスタイルは中国料理にあるが、割ったそのままを放りこむやりかたは案外珍しいのではないかと思う。

タイでは中身がしっかり固くなるまで揚げていたが、私の再現料理では外側がキツネ色、中の黄身がまだ半熟、という状態に仕上げること

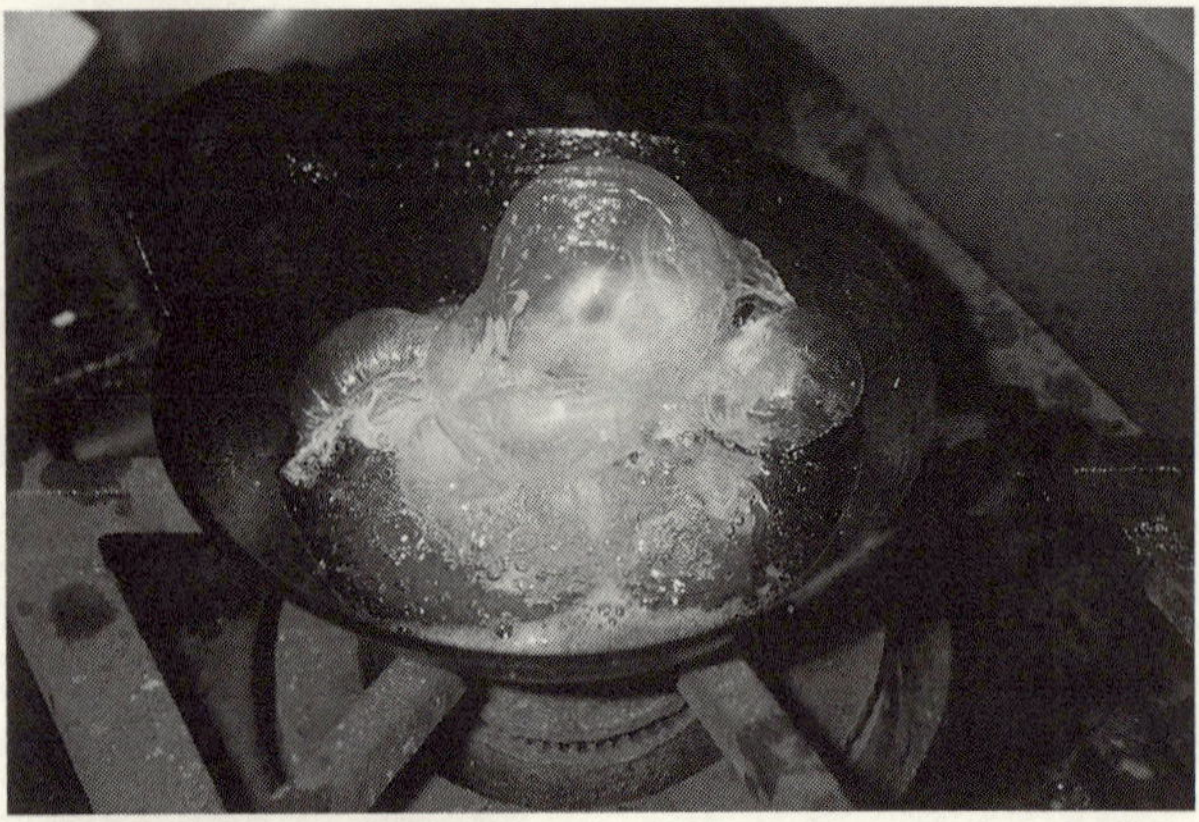

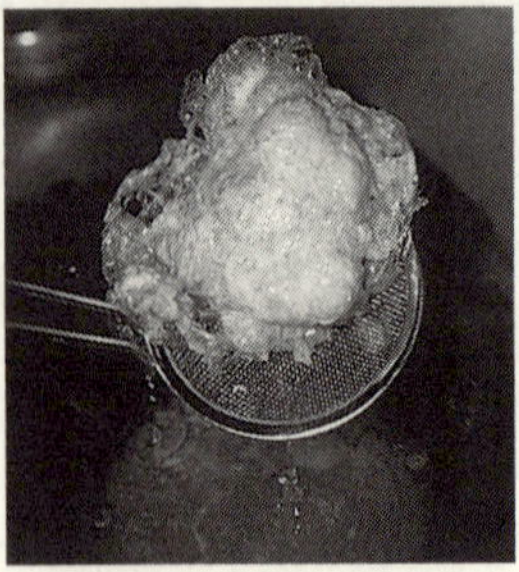

上　タマゴを油に落した瞬間。やはり飛沫がはねるので、鍋のフタかなにかでよけながらやるとよい。

下　下側が固まったら反転させ、両面がキツネ色になったら出来上り。

にしている。同じタマゴなのに、炒める（目玉焼）のと揚げるのとではまったく別の料理になるのが面白い。表面の硬化した白身の縁の独特の歯ごたえ、加わった油の風味……タイでは唐辛子入りのナムプラ（魚醬）を振りかけて食べるが、麵にも飯にも実によく合って美味である。

6　ウィンナー・シュニッツェル

西洋にもわがトンカツの親戚がいる。

コトゥレッタ・ミラネーゼなどさしずめその代表世話人格だろう。

だいいちコトゥレッタといえばカツレツ（カトゥレット）のイタリア語だ。ミラノ風カツレツ。

中身は仔牛を使うことが多いが豚肉でもよい。コトゥレッタだから本来はアバラ骨つきの背肉だが、この場合は骨は取り去ってしまう。余分な脂肪も取り去り、肉は叩いて薄くのばす。衣は、まず小麦粉、次に、オリーブ油を少々混ぜ合わせた溶きタマゴ、そしてよく乾いたパン粉にパルメザン・チーズをたっぷりまぶしたもの。

この、しっかりと衣をつけた薄い肉を、フライパンで、炒めるのである。使うのはバターに、少しオリーブ油を加えたもの。たっぷりと溶かしはするが揚げるにはやや遠い量のバターと油で、炒めるように〝フライ〟するのである。

製法は日本のとんかつとはかなり違うが、これもなかなかおいしいものだ。焦げたバターの香ばしい匂い。衣の中に溶けこんだチーズの香り。しっかりとした歯ごたえがありながら柔らかい。このミラノ風カツレツはできあがったら熱い皿に盛り、上から焦がしバター（別にバターをとって少し煙が出るくらいに熱する）をかけ、パセリのみじん切りをたっぷりかけて、レモンを大きく切ったものを添えて出すのがならわしだ。

ご近所のオーストリアにも、これとそっくりのカツレツがある。

ウィンナー・シュニッツェルである。

シュニッツェル（アバラ背肉片）のウィーン風、という意味だから、仔牛を用いるのが正統とはいえ、日本の家庭で復元しようとするならばひそかに豚肉を用いても文句は言われまい。

肉をなるべく薄く切る。厚さ五ミリくらい。骨なし。まわりについている脂肪もすべて取り去る。そしてこの肉を徹底的に叩いて押し広げるのだ。

ミラノ風もそうだが、とくにウィーン風の場合はこのプロセスが肝腎である。日本でやるときはすりこぎでもビールびんでもいいが、あちらには〝肉叩き〟という専用のハンマーがあって、これでトントンとまんべんなくぶったたく。ウィーンの町はずれか郊外のひなびた居酒屋でウィンナー（発音はヴィーナーに近い）シュニッツェルを注文して、ワインをちびちびやりながら前菜のサラミなどつまみながら待っていると、調理場のほうから、トン、トン、トンストトン、ストトントン、トントコトン、と、仔牛を叩く音がきこえてきて、その音をきくとパブロフの犬のようにウィーンっ子はツバをのみこむのである。

こうしてよく叩くと、厚さ五ミリの肉は二ミリ程度になり、はじめ片手の掌くらいの大きさだったのが野球のグローブほどになっている。

この薄肉に塩をし、小麦粉を両面にまぶしつける。次いで溶きタマゴをまんべんなくつけ、最後にパン粉（よく乾いたサラサラの細かいもの）を、押しつけるようにしてしっかりとつける。

フライパンにヘット（牛脂）を溶かし（バターでもよい）、この薄カツを炒めフライにするのである。はじめ中火で、あとは弱火で、最後はフタをして炒めるとよいだろう。

塩味とレモンだけで食べるのだが、フワフワと柔らかく、香ばしく、驚嘆するほどおいしい料理である（もちろんうまくできればの話だが）。

ヨーロッパの他の国にも、パン粉の衣をつけてフライする〝カツレツ〟の親戚はあるが、ほぼ例外なく薄い肉で、揚げるというよりは炒めるものである。パン粉は乾いたサラサラのを用いる（英国だけ例外的に生パン粉を用いることがある）。油脂はバターかヘット。シャロウ・フライの場合はバターを用いることが多い。ディープ・フライ――揚げもの――のときはヘットを溶かしたものか植物油（フランス人はヘットでも牛の腎臓のまわりについた脂肪を精製したものが揚げものにいちばんよいとウルサイことをいっている）。

これらの特徴のうち、肉を叩いて薄くするというのは、繊維を断ち切って肉を柔らかくすると同時に（ウィーンっ子のように親の仇みたいにぶったたくのは少々パラノイア的だが）、フライするときに火を通りやすくするためだ。肉が薄くないと、表面だけが焦げてしまって中まで火が通らない。仔牛も豚もレアで食べるものではない（同じ牛でも子供はナマでは食べない）から、そうしないとうまくいかないのだ。

この点が、西洋カツレツの限界である。

その限界を、日本人のとんかつは突き破った。

日本のとんかつ発祥の地と目される東京・上野あたりの名店では、厚さが三センチ以上もある部厚い豚肉の塊りを、衣は焦がさずに肉の中まで火を通す特殊な技術を開発した。

これは西洋の調理法の常識に対する果敢な挑戦なのである。

シャロウ・フライで炒めるのにカツレツの肉は薄くなければ火が通りにくいし、さりとてぬるい油でフライしたらベチャベチャになってしまう、と困惑している彼らに対して、日本の芸術家は、油たっぷりのディープ・フライ（揚げ）の方法を用いつつ、外が焦げる前に中まで火を通し、ぬるい油でじっくりと揚げながら（そうしなければ中まで火が通らない）しかもベチャベチャにならないテクニックを努力の結果発見したのである。

カリッとした衣。部厚い肉を切るとホックリと割れて中心がほのかにピンク色の、肉汁をたっぷり含んだ美味とんかつ。彼はたしかに世界に散在するカツレツ兄弟のひとりであるけれども、特殊な洗礼を受けた鬼子であるといってもいいだろう。

7　青椒肉絲

中華鍋に油（またはラード）を入れ、よく鍋をまわして油をなじませたあといったんその油は戻し、あらたに油を、たっぷりと入れて、熱する。

そこへ、細く切って醬油と酒と塩と片栗粉と少量の油を加えた漬け汁（八角などの中華スパイスも加えておくとよい）の中にしばらく漬けておいた豚肉を、いちどにジャッといれて強火でサッと炒め、炒めたら別皿に取り出しておく。次に鍋の中に（新しい油を加えてもよい）ニンニクとショウガの叩き潰したものを放りこみ（ここでさらに他のスパイスを加え）香りが立ったらピーマンをこれも細切りにしてよく水を切っておいたものを一度にジャッと入れてサッと炒め、そこへさっき取り出しておいた豚肉を一度にジャッと入れて、つねに強烈な強火でサッと炒めながら味をととのえて仕上げ、最後にゴマ油（か辣油《ラーユ》）をたらりとたらす。

青椒肉絲《チンジャオロースー》——豚肉とピーマンの炒めもの——のできあがり。

味つけには好みもあろうし、本場中国では材料・調味料も少しずつ異なろうが、まあ一般的にはこれで充分においしい炒めものができあがるだろう。要はできるだけ強火を保つこと、異なった種類のものを炒め合わせるときは（原則として）いったん別々に炒めてからあとで合わせること、そして油をたっぷりと使うこと、である。

たとえばナスと豚肉を炒め合わせるとするだろう。

そのときに、豚肉とナスをいっしょに鍋の中に入れて炒めてしまうと、油はナスに吸われてしまうので豚肉はカラリと炒めあげることができないし、ナスのほうも豚の脂を吸いこむと同時にアクを放出して、そのアクが豚肉にからみついてしまう。そのうえ油が少ないと途中で焦げつきそうになり、あとから冷たい油を足さねばならぬ羽目に陥る。これではおいしい炒めものはできない。

こういう場合にはまずナスをたっぷりの油で〝揚げる〟のである。揚げたナスは別の皿にとっておき、油もあけ、あとの鍋で豚肉を炒め、そこへ揚げたナスを加え、いっしょに炒め合わせる。

これはいわば例のリソレにも似た原理で、いったん熱い油にさらして材料の表面に防護膜をつくる。そうしておけばあとで他のものと混ぜ合わせても、たがいに侵略しあうことなく、協力しあって渾然とした味のハーモニーを奏でるのである（油とは関係ないが日本料理で野菜などの煮《た》き合わせをつくるときに材料を別々に煮てあとで添え合わせる精神もこれに似た発想である）。しかし、その原理が充分に効果を発揮するためには、充分な量の油を用いることが必要だ。まったく、炒めるというよりは揚げるといったほうがいいほどの量の油を、である。

油脂の用いかたのテクニックに関しては、とんかつを開発しててんぷらを洗練させた日本人も、中国人には一歩も二歩も三歩も四歩も譲らねばならない。とにかく師の影も踏めずといった大先輩なのだから。また、バターがどうのヘットがどうのと一言いわずにはすまないフランス人も、この点に関しては逆立ちしてもかなうまい。フランス人は炒めることを〝ソテー〟、揚げることを〝フリール〟といって区別してはいるが、前にも述べたように揚げもののレパートリーは貧弱だ。だいたい二種類しかない表現が技法の乏しさを示しているといえるだろう。羊と一生つきあう牧畜民族は、オスのおとなの生殖能力を持つ羊、オスのおとなのインポの羊、インポではないけれど去勢された羊、童貞の羊、童貞だけれどもインポらしい羊、相手がインポでもかまわないレズのメス羊、うまずめの羊、多産の羊、色っぽい羊、いやらしい羊など、さまざまの羊を、形容詞なしの一発の単語で表現することができるという。ボキャブラリーが豊富なだけ生活に密着した存在なのだ。

中国人の、油脂調理に関するボキャブラリーはきわめて豊かである。基本的なものだけでも左記の如しだ。

炸（ザ）――たっぷりの油で揚げる。清炸《チンザ》（からあげ）、軟炸《ロワスザ》（衣をつけて揚げる）等いろいろなバリエーションが形容詞としてついて下ごしらえのレパートリーを表現する。

炒（チャオ）――炒める。これにも塩味だけで副材料なしに炒める清炒《チンチャオ》、いちど材料を油通ししてから炒める滑炒《ホアチャオ》、油通しなしではじめから少量の油を入れた鍋に材料を直接加えて炒めてしまう干炒《ガヌチャオ》、等々の種類がこまかく分類されている。

爆（パオ）――とくに熱い油を使って手早く炒める。あるいは熱い油を通してから炒める。

熗（ビエヌ）――少量の油で肉類に少し焦げめができるくらいに炒める。

煎（ヂエヌ）――油をもっと少なくして材料の両面を煎《い》り焼く。

貼（ティエ）――材料の片面だけを鍋に貼《は》りつけるようにして焦げめがつくほどパリッと焼き、上面は少量の油をかけて柔らかく仕上げる。

烙（ラオ）――鍋にひとはけの油を引くか、あるいはまったく油気なしで煎る。

……。

いやはや見事なものである。一語を発しただけでたちどころに使用する油の量から調理法までが表現される。油脂を自由闊達に按配するテクニックを自家薬籠中のものにした中国人の面目、まさに躍るが如しというところだ。

彼らは、鍋（いわゆる中華鍋）ひとつでほとんどすべての料理をつくってしまう。鍋に油を入れて炒めものをし、油をさらに加えて揚げものをし、あるいは油のかわりに水を入れて煮ものをし、またはその上にセイロを置いて蒸しものをする。こうして油と水の分量を按配し、あとはちょっとしたアクセサリー（附属器具）を使うだけで、千変万化の調理法を操るのである。

過日広州（広東）を訪れる機会があり、裏通りをひとりでブラブラ歩いていると、ひとりの中国人が戸口に立って手招きをするので、寄っていったらニコニコ笑ってタバコを一本くれ、中で喫《す》っていけという（いっているらしい）。遠慮なく中へ入ると、薄汚ない部屋に椅子とベッドがあり、そのすぐ隣りに狭い台所があった。のぞかせてもらうと、つくりつけのカマドの上に大きな中華鍋がはまりこむようにのっかっているだけで、ほかには目ぼしい調理道具はなにもなかった。きっとひとつの鍋で何もかもやってしまうにちがいない。そう思って、その旨ジェスチャーでたずねてみたら、彼はニコニコとうなずいていた。どうもこの人はなにをきいてもニコニコしている人のようであったから信憑性に乏しいが、それにしても殺風景な台所だ。

中国では、鍋を基本的万能調理器として料理のシステムを発達させたので、ロースト料理（「烤《カオ》」という語で表現される）のレパートリーに乏しい。有名な北京烤鴨子《カオヤーズ》（ペキンダック＝肥鴨のロースト）だとか烤羊肉《カオヤンロウ》（鉄網にのせて焼いた羊の薄肉にタレと青味をまぶして食べる羊肉のグリル＝いわゆるジンギスカン焼きの本家）といった直火焼き料理もあるけれども、それらはどちらかというと北方民族系のアイデアであるようだし、少なくとも家庭の日常につくられる料理ではない。ロースト料理用のオーブンなど家庭にはないし、だいたい焼き魚すら中国人は食べないのである。直火は必ずいったん鍋の底で受けてしまうのが彼らの流儀なのだ。これに対して、暖炉→オーブンを万能調理器として活用してきた西洋人は、ふつうの煮物までオーブンの中に鍋ごと入れてしまうようなクセがつき、火にかけた鍋で油を操るテクニックには習熟しなかったのかもしれない。そのうえ目的に応じてさまざまの大きさや深さの鍋を使いこなす〝個別化主義〟の西洋料理哲学は、揚げもの（ディープ・フライ）のために揚げもの専用の深鍋を用意してしまったために、フライというと浅いか深いかの、せいぜい二種類くらいの（鍋の深さに応じた）分類しかできなくなってしまった。その点中国人は、大きな中華鍋一個を用いるため、そこに落した一滴の油が鍋いっぱいの海になるまでのあらゆる過程で、さまざまの材料がさまざまに異なるかたちに変化していくさまを連続的に眺めることができたのである。

Ⅳ　刺身という名のサラダ

1　タイの洗い無意識風

料理というのは、いったいどこらへんからはじまるものなのだろう。

一人の少年が海を泳いでいる。

目の前を、一匹のタイが通りすぎてゆく。

そのタイを彼は手でつかまえる。

と、かりに、しておこう。そして彼はそのタイにガブリとかぶりついた。少年は空腹だったのである。

しかし、それで彼が食物にありついたことはたしかだが、彼はまだ料理を味わってはいなかっただろう（うなぎ屋の板前にとってうまくウナギをつかまえることは職業上必要な技術ではあるが〝料理〟以前の問題だ）。

ところが、タイにかぶりついた少年は、どうもこれではうまくないと（思ったかどうかは知らないが）、いったん噛み切ったタイの身を口から吐き出して、それをあらためて海水で洗って食べてみた。そうしたら、海水の味がよく滲みておいしかった。そしてそれ以降、少年はタイをつかまえるたびにいちど噛み切った身を海水で洗って食べることにした……と仮定したら、このとき、彼はすでに料理を発見していたのではなかろうか。少なくとも最初に吐き出した一切れの身を海水で洗って食べなおしてみようとなかば無意識的に思いついたとき、彼は料理という途方もなく奥深い宮殿の門前に立っていたのではなかったか。

2　タイの干物置き忘れ風

少年はその日、またタイをつかまえたが、おなかがすいていなかったので、浜辺の岩の上に置いておいた。

その後少年は、しばらく別の浜で遊んでいたので、すっかりそのことを忘れていた。そして何日かしてもとの浜に戻ってきて、岩の上に置き忘れたタイに再会した。

タイはすっかり干上がっていた。しかしとくにヘンな匂いはしない。少年は好奇心にかられてその身の一部をそっと指先でほぐして、食べてみた。……ナマのタイと感触は違うが、それもまたひとつの食べものであった。彼はその後、ときどきタイを何日間か干したあとで食べることを試みるようになった。

――こうして、彼は、タイの干物を発見した。岩の上に置き去られて、永遠に人の口に入らなければ、それはただの、料理以前の乾いた一匹の魚にすぎない。しかしそれを少年が食べたとき、乾いたタイの死骸は〝タイの干物〟になり、彼が同じ状態を再現してみようと次に意図的にタイを岩の上に置き去ったとしたら、そのとき彼は一億五〇〇〇万キロメートル離れた天火で魚を〝料理〟することを発見したことになる。

3　タイの活け刻み少年風

まだ少年とタイの話の続きである。

洗いにも干物にも飽きて、なにか面白いことはないかなあと思っていた少年は、ある日またタイをつかまえると（その海はたくさんタイがいるのだ）、こんどはそれを持って浜辺にあがり、岩の上にタイを置き、ナイフを取り出して切り刻んでみた。まだピンピンとはねる活きたタイを。そして近くの草の葉を拾ってきて、その上に切り身をのせてみた。つまり、タイの活け造りである。

もうこれは料理と認めぬわけにはいくまい。彼はここで入口をくぐり、料理の宮殿へと一歩足を踏み入れたのだ。

落ちていた葉にのせたグチャグチャのタイの刻み身。――それは包丁名人が鮮やかに割《さ》いて飾った日本の料亭のタイの活け造りとは見た目には相当に異なるけれども、それと〝タイの活け刻み少年風〟とは、宮殿の奥の院と入口とのあいだに横たわる長い長い距離があるとはいえ、たしかに一本の廊下でつながっているはずだ。

4　タイの焼きものアチラ料理風

〝料理〟とは、料（はか）り理（おさ）めるという意味の言葉だそうである。〝調理〟ともいうが、この調という字も料とほぼ同じような意味だという。つまり、ものごとをはかりおさめるのが料理であり調理なのだ。

ことは食物にかぎらない。

与えられた条件の下で、なにをどうすればいちばんいいかをバランスよく判断し、その判断に基いて合理的に行動し、最善の結果を得て一件を落着させる、というのが、

「料理する」

ということの意味なのである。だから、

「今回の首脳会談で見せた首相の料理の腕前は見事なものだった」

とか、

「高速道路でクルマがエンストしたが彼はうまく料理したので夕食の時間に間に合った」

とかいう表現も可能である。

それではいまわれわれが問題にしている食べものに関して〝料理〟という言葉がどういう意味を持つかといえば、

「手に入れた材料に適当な手を加えて食べやすく（またはおいしく感じられるように）すること、またその結果できたもの」

というような定義になるだろう。

もちろん、何にしろ材料を手に入れなければ料理はできないし、いい材料を選ぶことは――日本料理のみならずフランス料理でも中国料理でもその他の料理でも――おいしい料理をつくるために欠かせない基本であることはたしかであるけれども、ただ材料を手に入れる（選ぶ）だけではまだ〝料理〟ははじまらない。それは〝料理〟の一歩手前、準備段階であり、その材料になんらかの人為的な手を加えて処置する行為があってはじめて〝料理〟はスタートするのである。どんなに素晴らしいタイを手に入れたとしても、それにガブリとかみついてしまったのでは〝料理〟はどこにも存在しない。

料理という言葉を発明した中国人は実に巧妙な人種である。料理する、という意味はなるほどわかった、といっても、それでは具体的にどういう行為をすればいいのかということについてはこの言葉は何も指示していない。ただ、適当にやれ、うまく処理しろ、つまり〝料理しろ〟といっているだけである。そういわれても困るではないか。

そこへ行くと、一方の雄フランス人のほうは単純明快だ。

フランス語では料理のことを〝キュイジンヌ CUISINE〟という。

この語は、英語の〝クッキング COOKING〟と同じく、源はラテン語の〝コクエレ COQUERE〟に発している。

このラテン語の〝コクエレ〟は、仏英のほかほとんどの欧米語の〝料理〟を表す語の源であるが、その意味は、

「火熱を加える」

という意味である。

つまり、フランスをはじめとして、欧米の連中は、料理とは加熱することとなり、と、単純明快に具体的な行動の指針を示していることになる。

こうした、アチラ流の、

「人間は火を持つことによってはじめて料理をするようになったのだ」

という認識を受け入れるとすると、タイをつかまえた少年は、たとえば、

(1) そのタイをたき火の火にかざして焙り焼きにするか、

(2) そのタイをたき火の灰にくべて蒸し焼きにするか、

(3) そのタイを、砂に掘った穴の中の海水に入れて熱した石を放りこんで煮るか、

など、なんらかのかたちで火を利用しないかぎり、彼はまだ〝料理〟をしたとは認めてもらえないことになる。いくら塩味の洗いがおいしくても、草の葉に盛ったブツ切りの姿が美しくても、彼の作品はまだ料理の域に達していないと判断されてしまう。と同時に、現代日本の最高峰を行く料理名人が芸術的につくりあげた一品でも、それが刺身などの、火の通っていないものである以上は、西洋流にいえば〝料理以前〟の段階にとどまったプリミティブなものであるということになるわけだ。

5 オードブル

火を使うものと火を使わぬものの区別は、たとえばフランスなどでは伝統的にはっきり

となされている。

冬が近づくとレストランの店先に、カキやウニやハマグリを並べた屋台のような出店が張り出す。ナマの貝を賞味する季節の到来を告げる風物詩である。

フランス人は、貝類は生きたのをナマで、殻をあけてすぐに食べることを好む。よく冷やした白ワインを飲みながら新鮮なカキなどを食べるのは無上の愉しみである。そういうレストランに入って、それではとカキとウニを注文してみることにしよう。

するとの注文を取ったウエイターは、いったん店の外に出て、例の屋台のところへ行ってそこにいる男に注文を取り次ぐ。するとその男は注文の数のカキの殻を剝き、ウニはまんなかから水平に殻を二つに切り離し、いずれも殻つきのまま海草と砕氷を敷いた盆の上に並べ、レモンを添える。その作業が終るころにウエイターはそれをとりに行き、客のテーブルにまでその盆を運んでくるのである。この間、レストランの奥の調理室にいるコックたちはいっさいこの作業にタッチしない。もちろんナマ貝の前菜のあとに温かい料理――ステーキだとか、同じ貝でも煮たり焼いたり〝料理〟をしたものを食べるとすれば、ウエイターからの注文を受けてコックたちが仕事をするわけだが、ナマ貝を扱うのはコックの任ではないとされているのである。ナマ貝を扱う、店の外の屋台のところにいる男は〝殻剝き人（エカイエ）〟と呼ばれ、〝料理人（キュイジニエ）〟とは呼ばれないならわしだ。たとえ彼がいかに貝の良し悪しを見分ける優れた眼力を持っており、いかに殻の剝きかたが鮮やかで、いかに飾りつけがうまかったとしても、彼は〝料理人〟としては認知されないのである。

また、これはレストランにもよるけれども、

「生野菜もりあわせ（クリュディテ）」

などという前菜の一品を注文すると、店内のワゴンに美しく飾られた野菜を、ウ、エ、イ、タ、ー、が、そこにある小さなマナ板の上でトントンと（いかにも無器用に！）切り刻んで、ドレッシングで和えてテーブルに持ってきてくれたりすることがある。客の眼の前でやるわけで、カッコをつけた演出を好む気取ったレストランにこの例が多いが、板の前でナイフを振るうのはウエイターであってコックではないのである。ただ切り刻むだけの作業ならわざわざ〝料理人〟が出ていく必要はない、というのであろう。

あるいは、

「ソーセージ類もりあわせ（コショナイユ）」

などという一品があるので注文してみると、これも客から見える店内の隅でウエイターがさまざまの種類のサラミ・ソーセージのたぐいをスライスして皿に盛ってきてくれるか、豪気な店になると何本ものソーセージをカゴにいっぱいに入れて小さなマナ板とナイフを添えてテーブルに持ってきて、自分で好きなだけ切って食べなさい、というスタイルをとったりする。ものを切る、というだけの単純作業はコックではなくウエイター、さらには

客自身の手に委ねられてしまうことになるわけだ。

オードブル、という名をきくと、日本人は、手のこんださまざまの料理が少量ずつ美しくディスプレイされたものを思い浮かべるだろう。

しかしもともとオードブルというのは、メインの料理ができあがるのを待つ間に、小腹をふさぐためになにかありあわせのものをつまむ習慣から出てきたもので、だからサラミだとかハムだとかパテだとか、あるいは生野菜だとか、魚の油漬けだとか、そのますぐに食べられるものを簡単に食卓に出すのが本来の精神なのだ。いうなれば〝料理以前〟のものである。そのためにフランス語でいうオードブル（HORS-D' ŒUVRE＝オール・ドゥーヴル）は〝作品・仕事 ŒUVRE〟の〝外 HORS〟と名づけられて、料理人の守備範囲の外に位置づけられるのが本来のポジションである。

6　タイの造り日本風

そこへいくと、日本の哲学は正反対だ。ただ切って食べるものだからといって、マグロの肉塊をマナ板の上にのせて持ってきて、自分で切って食べろという豪胆な料理人はいないだろう。刺身の注文に板前が無関心でいて、仲居さんが卓上でつくってくれるという店も皆無だろう。日本料理では、切ることとそれを盛りつけること、つまりカッティングとディスプレイの技術が、料理人を料理人たらしめる不可欠の要素なのだから。

「包丁人（ナイフを持つ人）」

という言葉が、そのまま〝料理人（コック）〟を意味するのが日本料理である。

また、

「板前」

という言葉は、日本のレストランにおけるシェフ（料理長）を意味する。

最近でこそ料理人のことをみんな板前と呼ぶようになってきたが、本来はそのなかでいちばんエライ、ただひとり〝板の前〟に立つことのできる料理人を指した。〝板〟というのは、マナ板のことである。つまり板前はチーフ・コック・スタンディング・ビフォー・ザ・ボード。そこで魚を切ったりはったりする板の前に立つことができるのがいちばんエライ料理人なのだ。

「いかに切るか」

が、日本料理においては、

「いかに加熱するか」

より重要なものであると考えられてきたわけである。

一般に料理の技術というものは、手に入った食物をいかに保存するか、また、そのままでは食べられない、あるいは食べにくい（か、食べてもおいしくない）ものを、どうやったら（おいしく）食べられるようにするかを工夫するところから発達するもので、その技法を追求するエネルギーを支えるのが生存とさらには満足を得るための食物への執念である、といった構図があって、日本料理だって本来はそのようなものであったはずなのだが、どういうわけか日本人は、新鮮な、なるべく手を加えないでも食べられるような材料をひたすら追い求めることと、それをいかに美しく切り刻んで飾りつけるかということに熱中するようになり、日本の料理人は〝芸術的才能にめぐまれたプリミティブな少年〟のようになってしまったのである。

日本では料理のことを、

「割烹《かっぽう》」

と呼ぶことが多い。これももとは中国から伝わってきた言葉で、〝割〟は割《さ》き切ること、〝烹〟は（火を用いて）煮たり焼いたりすることの意味。つまり〝料理する〟ことの具体的な内容を指し示しているわけだが、欧米式の、

「火を用いなければ料理とは認めない」

という強硬意見と違って、〝割（カッティング）〟も範囲内に入っているので日本料理にフィットするようである。

たしかに、ただナマの魚肉を切って食べるだけだとはいっても、実際に同じ一匹のタイでも少年が切り刻んだのと板前がつくったのとでは味が違うだろう。同じ板前の手になるものでも上手な板前と下手な板前とでは手際が異なり、したがって味も異なってくるだろう。添えものとの取り合わせや、器の選択、飾りつけが（とくに日本人にとっては）味覚のかなり重要な部分を占めているとするならば、そこらへんをうまく〝料《はか》り理《おさ》める〟ことのできる人はすぐれた〝料理人〟として認知するべきだろう。と、考えないと、日本料理の立つ瀬がなくなってしまう。

7　ポワッソン・クリュ

ちかごろ日本でもときどき耳にするようになった言葉に、

「ヌーベル・キュイジンヌ・フランセーズ」

というフランス語がある。

意味は、〝新しいフランス料理〟ということだ。

これは旧来の伝統的なフランス料理を革新して、時代にマッチしたものにしよう、という一種の改革運動――フランス料理の〝新しい波《ヌーベル・バーグ》〟といった体のもので、一群の気鋭のコックたちとそれを支持する食味評論家たちによって起されたものだ。彼らは伝統的なフランス料理にない新しいセンスで新しいレパートリーの料理を開発してそのメニューを世に問うた。

簡単にいうと、従来のコッテリとした重いソースのかわりにアッサリと上品な軽いソースを用い、いままでフランス料理ではあまり顧られなかった素材をも偏見なく用い、手をかけすぎるよりは手をかけずに素材の持ち味を生かし、ハラにもたれないバランスのよい料理をつくろう、というようなことだ。

一説には、このアイデアは日本料理からヒントを得たものだ、というけれども、それは俗説で、そういうと日本人が喜ぶので日本に来たフランス人のコックが外交辞令を交付したもののようである。

〝新しいフランス料理〟は時代の要請である。大メシを喰らって昼寝ばかりしているわけにはいかなくなった現代人の多忙と、太っていることが悪徳になった現代人の栄養過剰と、外国との接触が日常的になった現代人の国際性が、必然的に大喰らいのフランス人の国粋的保守主義を変えつつある結果としてあらわれた現象、といってもいい。しかもその変化は突然変異ではなく、徐々に、過去と連続しながら新しい方向に変わっていくようなかたちの変化なのだが、変化を先導していくコックや理論家たちは翔んでいるので、服飾デザイナーがふつうには着られないような突飛なデザインの服をつくるのと同じように、過去のフランス料理の常識を超えるようなメニューを考え出した。それはたとえばナマの魚の薄切り〝日本の刺身ふう〟であり、甘酸っぱいソースを肉にからめた〝中国の酢豚ふう〟であり、ヨーグルトをソースに使った〝西アジア中近東《オリエンタル》ふう〟の料理である。つまり〝新しいフランス料理〟の先端の部分にあらわれる仕事は、ファッション界におけるフォルクロール（民族調）の流行に一歩遅れて並ぶものといった色彩が強い（また一方では、軽くて腹にもたれない、バランスのとれた料理をという志向は、スポーツウェアや仕事着の流行とペアをなしている）。だから必ずしも、

「日本料理がフランス料理を革新するヒントを与えた」

と国粋的に喜ぶのは単純すぎるのだけれども、たしかにナマの魚を、たとえそれがごく一部の新しいもの好きの人々に限られているとはいえ、フランス人が食べるようになったということは、フランス料理の伝統にとっては大きな変化であるといえる。

フランス人はもともと、貝はナマで食べるくせに、魚はナマで食べない。日本人がナマ魚——ポワッソン・クリュ——を好んで食べる、ときくと、それだけで顔をしかめて、

「なんと日本人《ジャポネ》は残酷な」

と思うのがごく一般のフランス人の感情である。どうも、ナマ魚、ときいてすぐに浮か

ぶのが、イワシとかサバとかいった魚がヌメヌメと青いウロコを光らせているイメージらしい。だからそれを食べる、というと、ヌメヌメを頭からガブリとかみ切るような感じを受けて残酷感に堪えられない（日本人が、血のしたたる肉を喰らうとは西洋人は獰猛だ、と思うのと同じことだが）。

そのフランスで、一部のファッショナブルな店が、最近、ナマの魚を前菜としてメニューに載せはじめた。〝新しいフランス料理〟の先鋭的作品というわけで、たとえばパリ一四区の高級海鮮レストラン〝ル・デュック〟のメニューには、

「ナマ帆立貝の薄切りオリーブ風味」
「ナマ鮭の刻み和えグリーン・ペッパー風味」
「スズキの海草和え」

といった、フランス人には耳慣れない前衛的な料理名が記されている。

この「ル・デュック」のポール・マンシェリという料理長は、もうずいぶん前からこうしたナマもののメニューを出してきたのだが、ここ数年のあいだに急激に人気が出て、いまでは彼の真似をするレストランが相次いでいる。このことはしだいにナマ魚がフランス人に認知される傾向にあることを示している。しかし、〝新しいフランス料理〟の旗手と目される料理評論家がこのレストランを紹介する文章で、

「ナマ魚料理というのは、決して怠けもののコックが発明したものでもなければ無能なコ

ックが考え出したものでもない」（傍点筆者）
とわざわざ書いているところから見ると、やはり、火熱と手間を加えたものでなければ料理とはいえない、という伝統は根強いようだ。なお〝新しいフランス料理〟風ナマ魚の料理（フランス式刺身）というのは、薄く切った、あるいは細かく刻んで叩いた魚の身を、植物油（オリーブ油など）とさまざまの香料で混ぜ和えたものである。それをそのまま塩味で、あるいはレモン汁をかけて、食べる。

刺身の仲間

タヒチなど南太平洋のフランス統治地域では、レストランのメニューに、

「ポワッソン・クリュ」

というのがある。注文すると出てくるのは、マグロのような魚をブツ切りにしたものを、香味野菜の刻んだものにからめ、ライムの汁で白くなるまで締めた一品である。見た目も食べた味も、日本の酢のものに近い。同じメニューに、

「サシミ」

というのも載っている。こちらは同じ魚でも薄切りにしてそのまま皿に並べ、わ

きに醤油の入った小皿とワサビを添えてくる。南洋に日本軍が駐屯していた頃の文化的置き土産で、店によってはこの料理のときだけハシを持ってきたりする。

ペルーには、セヴィーチェというナマ魚の料理がある。使うのはおもに白身の魚で、薄切りにしてから塩を振り、たっぷりのライムの汁をかける。セロリなどの野菜を刻んでいっしょにマリネするのもよい。一時間も置いておくと魚片も汁も白濁し、味がなじんできて美味である。

ナマの魚片を酢で締めた料理は、実は太平洋を囲む沿岸地域に広く見られる伝統的な料理なのだ。日本の刺身は、そうした伝統の中から生まれ、その後独自の進化を挙げたもの、と考えられる。

8　中国式さしみ

中国にも刺身がある。

ナマの魚（タイ、スズキその他）を薄く切って、いろいろな香りを持つ野菜や木の実や風味の異なる香料をふりかけ、油と調味料とをよく混ぜ合わせて食べるものだ。そのスタイルは、新しいフランス料理の〝刺身〟と非常によく似ている。中国式の場合は調味料として中国醬油も用いるから、その点ではフランス式より日本の刺身に近いとはいえ、油をたっぷり混ぜ合わせる点で日本のそれとは大きく違う。

そして中国でも、フランスと同じように、ナマ魚を食べることはごく一部の人の間でしかおこなわれない限られた食習慣だとされているのである。中国料理には基本的にナマものは存在しない。彼らもまた欧米人同様、

「火熱を加えないものは料理とはいえない」

という考えの持ち主なのだ。

人口に膾炙《かいしゃ》する。という言葉がある。意味は、人々の口にのぼる、よく知られている、といったことだが、「炙」は（「烤」と同じで）火に焙った焼き肉、「膾」はナマス（刺身を酢と香料等で和えたもの）のこと。このふたつの食べものが人々の間で非常によく食べられていたことから出てきた言葉である。昔の中国人は、ナマ魚を好んで食べていたらしい。ところが時代の進むうちに、中国人は生食の習慣を捨ててしまったのである。

原因は、鉄器と石炭の普及による、という説がもっともらしい（元代に入って北方狩猟民族が支配層になったためにナマ魚が嫌われるようになったのだとする説もあるがあまり説得力がない）。

つまり鉄の生産量がふえて戦場ばかりでなく家庭にも鉄器が入ってきて台所に鉄鍋が常

備されるようになり、さらに石炭の使用が普及して強い火力が長時間続けて得られるようになると、おりからの植物油の大量生産技術の開発とあいまって、鉄鍋の中の油を強火で熱して調理するという今日の中国料理のスタイルができていったというのである。

このターニング・ポイントがいつであるかは特定できないようだけれども、だいたい一三世紀の終りごろには、すでに中国人は生食の習慣を捨て、まったく日本人とは逆の方向に、ひたすら火と油の営みの中に料理芸術の完成を目指そうとして突っ走りはじめていたということだ。この種の動機については察することさえ困難だが、鉄鍋とか強い火力とか大量の油とか、それまでに知らなかった〝文明の利器〟を手にするようになって、以前の「炙」（焙り肉）だとか「膾」（刺身、ナマス）だとかいった、〝怠惰〟なコックにも〝無能〟なコックにもできそうに見えるシンプルな調理法が古くさく原始的に感じられてきて、近代化の衝動が中国人の胸中をよぎったのかもしれない。そのエネルギーが、火と油を手品師のように操る中国料理の技法を一直線に発達させていったのだろう。そしてこの転形期以降、

「料理」（料《はか》り理《おさ》めて適当に処理すること）

とか、

「割烹」（割いたり煮焼きしたりすること）

とか、曖昧な、あるいは幅の広い意味を含んでいた言葉が、実質的には、

「火熱を加えて処理すること」という意味に変形し、その点で中国料理はフランス料理と手を握り、日本料理は取り残されたのであった（ナマもの料理——刺身やサラダ——が〝反文明的〟ファッションとして世界的に浮上してくるまでにはそれから七〇〇年もの年月が必要だったということになる）。

9　ユッケ（肉膾）

〝ナマス〟というと、最近ではお正月のおせち料理のときくらいにしか食べなくなってきているが、ふつうセン切りの大根と人参の紅白を三杯酢（酢と醬油と砂糖のミックス）で和えたものを指すのが日本の常識だ。しかし、「膾」という漢字を見ると、偏が「にくづき」になっている。ということは、もともとは肉類の料理を指していることになる。

中国古代では、たしかに魚類の刺身や、魚と野菜の和えものなどもよく食べたが、肉の刺身もたくさん食べたらしい。おそらく塩や香料、調味料をたっぷり加えて混ぜ合わせて食べたり、そうして少し放置しておいて発酵しはじめてから頽廃的な芳香を舌の上で味わったりしたのだろう。

腐りはじめたものはともかく、肉の刺身というのはうまいものである。朝鮮料理のユッケもいいし、欧州に伝わるタルタル・ステーキも結構だ。

新鮮な牛肉をセン切りに細かく切り、それを醬油、ゴマ油、砂糖、ニンニク、コチュジャン（唐辛子味噌）、煎りゴマ等の調味料とよく混ぜ合わせ、丸いハンバーグのような恰好に整えて、上から松の実を散らし、まん中にひとつ卵黄を落す。これがユッケの標準的なつくりかた。

ユッケは、「肉膾《ユクフェ》」という字を当てるそうだ。肉の〝膾（ナマス）〟である。

一方タルタル・ステーキというのは、やはり肉を細かく切って叩き、塩、胡椒、タマネギのみじん切り、パセリのみじん切り、ケイパーその他の香料を混ぜ合わせて同じく中心に卵黄をひとつ落す……（ステーキとは名ばかりで火は加えない）。

朝鮮半島と欧州で多少用いる香辛料（スパイス）が異なるだけで、まったく同一の発想から成る料理である。タルタルというのは中国北方の騎馬民族韃靼《ダッタン》人の異名で、彼らが好んでナマの肉を食べたことからそう名づけられた。朝鮮半島のユッケも北方民族の影響を受けた作品のようだから、この東西のナマ肉料理は、中央アジアを縦横に駆けめぐってナマ肉を喰らいつつ戦いに明け暮れた勇壮な民族の遺産を今に伝えるものであるといえる。

10　馬刺しの気一本

ところで北方騎馬民族のナマ肉ステーキの材料は馬肉であった。高原を駆けめぐりつつ死馬を喰らって精をつけたのである。つまるところタルタル・ステーキやユッケの祖先は馬刺しなのであるが、日本でお目にかかる（たとえば熊本や長野などで名物とされている）馬刺しとは、一見しただけで相当に異なる面構えである。

日本の馬刺しも実に美味であるが、形態的には馬肉を芸術的に薄く広く切り、調味的には醤油とショウガ（と、ネギのみじん）くらいで食べる、至極アッサリとしたものだ。大陸の東西に現存する、ぐちゃらぐちゃらに潰れた形態とさまざまに強烈な匂いを放つスパイスを混ぜ合わせた複雑な調味とは大いに異なっている。

その違いは、同じナマの魚を食べるにしても、醤油とワサビ（かショウガ）程度でアッサリと食べる日本人と、油や香料でごちゃまぜにしないと食べた気がしない大陸人との違いである。

生食を旨とする日本人の純粋志向を支え、かつ象徴しているのが醤油だろう。

醤油のもとは醤《ジャン》（ひしお）である。醤は古くは肉や魚を塩漬けにして腐らせ（発酵させ）た、塩辛のようなものを指した。一種の保存食から発祥した調味料であった（たとえばアンチョビ・ソースやニョクマムのようなものである）。この同じ方法を、穀物と豆類に適用して発酵させると、いわゆる味噌に近いものができる。そして味噌から生じる液を抽出したものが、簡単にいえば、醤油ということになる。「油」という字はツボの口からズルズルと液体が垂れ流れてくる意味をあらわしたものである。

「醤《ジャン》」というのは、そのように、さまざまのものを発酵させてつくった調味料（ソース）で、いまでも中国や朝鮮ではそう呼ばれそう解釈されているが、日本人はその「醤」から、きわめて単細胞的に「醤油」というシンプルな調味料を抽出し発達させた。中国にも朝鮮にも醤油の同類（先輩）は当然あるが日本のものとは少々異なるし、醤油以外にも多様な「醤」が現存している。ところが日本では、味噌という兄弟と二人だけ。一本気を通して世間を狭くしてしまったようである。

11　元祖青菜サラダ

生鮮な材料がいつでもどこでも手に入るようになったことと、自然へ帰ろうという気分、健康に気をつけようという風潮からか、ちかごろはサラダが大流行だ。

サラダというのは、野菜などをドレッシングで和えた一品のこと、だが、そう簡単にいってしまっては定義し切れない、実は複雑な様相を孕んでいる。

サラダという語も、ラテン語に発祥してフランス語になり、それが英語を通じて日本に輸入されたわけだから、本家のフランス語に敬意を払ってフランスの例を見てみると、かの国では本来サラダというのは必ず肉料理の直後に出る青菜のサラダのことだけを呼ぶ名称であった。

肉をいっぱい食べる彼らにとっては、栄養のバランスをとることに注意する必要が大きい。だからこそ彼らは、肉料理のつけ合わせには必ずジャガイモを皿からこぼれんばかりに盛りつけ、飲みものもアルカリ性のワインを常飲するのであるが、さらにダメ押しとばかりに、肉料理を食べたあとに大量の青菜サラダを食べる習慣がある。家庭や、安いレストランなどでは、肉料理の皿といっしょかそのすぐあとにテーブルの上にデンと大きなサラダ・ボウルを置き、会食者は肉料理を食べ終えると残った肉汁やソースをパン屑かなにかでていねいに拭きとり、その同じ皿へ、ボウルから、ドレッシングのたっぷりかかった大きな青菜を取って、ムシャムシャと何枚も食べるのである。それが本家ほんもと、元祖の、

「サラダ SALADE（サラドゥに近い発音）」

であって、そのときに用いる青菜のことも、

「サラダ SALADE（発音同じ）」

と同名で呼ぶのである。つまりサラダはサラダという料理（？）の名であると同時に青菜の名——サラダ菜——のことでもあるわけだ。だから厳しくいうと、サラダ菜（これは日本のサラダ菜とレタスの中間のような、青味の強い柔らかな巻きのチシャ）を用いないサラダはサラダでない、ということにもなる。

この元祖サラダは、必ず肉料理のあとに食べるもので、前菜として食べるものではない。前菜として生野菜を食べる場合には、青菜ではなく、ニンジンのセン切りだとか、セロリの芯のセン切りだとか、トマトの薄切り、胡瓜《きゅうり》の薄切り、ベトゥラヴ（甜菜《てんさい》）のサイの目切り、といったような野菜を用いるのだが、それらの生野菜にもふつうは——二十日大根をナマで食べるときには塩とバターを添えるだけだから例外として——ドレッシングをた

っぷりかけて食べるわけだから、実質的にはサラダとちっとも変わりがないのにもかかわらず、前菜に食べる青菜以外の野菜の盛り合わせ和えは〝サラダ〟と呼ばないで、〝クリユディテ（なまもの）〟と呼ぶならわしだ。要するにカツとフライの相違のようなものである。

しかしサラダは現代にいたって飛躍的に成長し、現在では非常に広い範囲の料理をカバーする名称となった。

いまでは、クリユディテも、

「サラダ・ド・クリユディテ（生野菜サラダ）」

と呼ばれ得るようになってきているし、青菜じしんも他の材料とコンビで和えられて前菜として登場するご時世になっている。かつての狭義の命名は解体して、青菜とは関係なくナマモノ料理一般を総称する勢いで、実際に、野菜ばかりでなく、魚だとか貝だとか海老だとか、ベーコンだとかハムだとかパテやフォワグラまでが〝サラダ〟の中に放りこまれるようになって、サラダはもはや菜食ではなくて一個の完全食品に近くなってきている。

また、サラダに用いるドレッシングも、かつてはヴィネグレット・ソース（酢と油を一対二の割合で混ぜて塩胡椒し、好みで香草とカラシなどのスパイスを加えたもの――フレンチ・ドレッシング）に限られていたのが、いまでは生クリームを加えたりヨーグルトを加えたりした、さまざまな新しい工夫を凝らしたソースを用いるようになってきている。

……ということになると、またぞろ名称の混乱が生じてきて、料理の分類を新しい視点からやりなおさなければならなくなりそうだ。

12　摩訶不思議サラダ

最近は洋風に焼いたステーキでも醬油のソース（ソースというと茶色いウスターソースかドロドロのトンカツソースしか思い浮かばない旧日本人には、〝醬油のソース〟とは怪《けっ》体《たい》な言いかただと思われようが、つまりこれは醬油を用いて作ったかけ汁のこと）をかけて食べると美味であることが知れ渡って、実際にそうしている人も多いし、また、サラダのドレッシングに醬油を加えると一味違った風味が出ることを知って実践している人も多いようだ。

私もそのひとりで、自分でサラダをつくるときにはよく醬油を加える。

というか、私の場合は、醬油ばかりでなくそこらへんにあるものをなんでもドレッシングに加えてしまうのだ。

流しの下の棚をあけると、たとえばオリーブ油の缶と、ゴマ油のビンと、サラダオイルのプラスチック容器と、日本の醸造酢と、フランスのワイン酢と、醤油のビンがあるとするだろう。そうしたらその全部を少しずつボウルにあけ、さらに冷蔵庫の上の棚にあるスパイスのうちたまたま目についたもの——タイム、タラゴン、パプリカ、カイエンヌ、デイル、オレガノや、やげん堀の七味唐辛子など——を適当にそこへ振り入れ、ニンニクのみじん切りやレモンのしぼり汁を加え、塩胡椒して、その雑多な混合体をエッサエッサと攪拌《かくはん》するのである。そうすると、摩訶不思議なる流動体ができあがるが、この流動体は多くの場合美味である。もちろん行きあたりばったりの出たとこ勝負で、混合の比率はその日の気分と手の動き、だから二度と同じドレッシングが出来る気遣いはないが、混合する要素が多いためにかえって大失敗のおそれが少ないし、実際にそうした確率以上に、一回限りの真剣勝負だから気迫がこもっておいしいものができあがるのだ、と信じることにしている（そう信じるとうまくできるのだ）。

このドレッシングに、トマトだのピーマンだのセロリだのクレソンだのアサツキだのシソの大葉だの、これも同じくありあわせの野菜を全部細かく切って和えれば〝一生に一度しかできない自家製サラダ〟ができあがるというわけだ。

このサラダは、いろいろなものが入っているので、食べてみると、いろいろな味がするが、新しい味覚の発見を怖れてはいけない。

乗りかかった船であるから、もうこうなったらシュラシュシュシュ、何でもぶちこんでやろうの精神を発揮して、こんどはそのドレッシングの中に、味噌や、砂糖や、昆布の出し汁や、豆腐のすりつぶしたものや、ゴマのすったものなど、なんでも手当りしだいに放りこんでみることにしよう。

怖れずにこれをやってみると、摩訶不思議な流動体はさらに摩訶不思議な様相を呈しはじめる。そして味見をしてみるとこれが実に摩訶不思議な味である。

つまり、できあがったのは、

「摩訶不思議サラダ」

であった。といって、いいだろう。それはたしかに摩訶不思議に違いなかったのだけれども、それでも〝サラダ〟と呼ぶことにはさして抵抗のない種類の一品であったことにもまた違いはなかったのだから。

13　ギリシャ式タコ酢

こうして、何を加えてもいちおうサラダらしきもの（のドレッシング）はできる、ということをたしかめたのだけれども、それではそこから何が欠けたらサラダのドレッシングは成立しなくなるのだろうか。

こんどは足し算ではなく引き算をやってみよう。

さっき〝摩訶不思議サラダ〟のドレッシング作成に用いた材料は、

(1) 油
(2) 酢
(3) 塩
(4) 香辛料(スパイス)
(5) 醤油
(6) 味噌
(7) 砂糖
(8) 出し汁
(9) 豆腐
(10) ゴマ

であった。

このうち、(6)〜(10)を引くと、はじめのやや穏健な自家製サラダのドレッシングになる。

さらに(5)も引くと、いわゆるフレンチ・ドレッシングになることがわかる。

こう考えると、酢と油のラインが最後の牙城になるようにも思われるが、思い切って酢

（名前）＼（材料）		フレンチドレッシング	和風ドレッシング	ナムル	二杯酢	三杯酢	酢味噌	白和え	辛子酢味噌	タデ酢	ポン酢	ゴマだれ	摩訶不思議
(1)	油	○	○	○									○
(2)	酢	○	○		○	○	○		○	○	○	○	○
(3)	塩	○	○	○	△	△		○					○
(4)	香辛料	○	△						○	○			○
(5)	醤油		○		○	○		○			○	○	○
(6)	味噌						○		○				○
(7)	砂糖					○	○	○	○	△			○
(8)	出し汁				△	△	○		○			△	○
(9)	豆腐							○					○
(10)	ゴマ			○				○	△			○	○

ドレッシングの成分表　○印は使用する成分、△印は使用してもしなくてもよい成分をあらわす。同じ名のもの（たとえば二杯酢）でも人によってつくりかたが少しずつ違う（出し汁を入れる人もいれば入れない人もいる等）から、あくまでも便宜的な分類にすぎないが。

も引いてしまったらどうなるだろう。

朝鮮料理に、ナムルと称するサラダがある。ナムルは、モヤシ、ほうれん草、ゼンマイその他の野菜・山菜類を油だけで（酢を用いずに）和えたものだが、見たところも、つくりかたも、実にサラダである。ただしナムルの場合はゴマを上からふりかけて供する慣わしだから、

〈(1)プラス(3)プラス(10)〉

というのがナムル・ドレッシングの組成になる。

次に、さらに思い切って、油を使わないことにしてみようか。

油を使わない約束にすると、たちまち日本料理のレパートリーが顔を出してくる。

たとえば、

〈(2)プラス(5)プラス(8)〉

は〝二杯酢〟という日本の酢のもののドレッシングだ。これにさらに(7)を加えるといわゆる〝三杯酢〟になる。

また、

〈(2)プラス(6)プラス(7)プラス(8)〉

は酢味噌ドレッシングである（これにはタマゴの黄身を少量加えるとなおいいが）。

豆腐を使った〝白和え〟のドレッシングならば、

〈⑶プラス⑸プラス⑺プラス⑼プラス⑽〉

という方程式で書きあらわせる。

……。

日本料理の、酢のものや、和えもの。

それらは、ふつう〝サラダ〟とは呼ばれないけれども、その発想といい、姿かたちといい、つくりかたといい、油こそ用いていないものの、まさにサラダ以外の何物でもないのではなかろうか。

西洋流のサラダが、

「酢油和え」

であるとするならば、日本流の、

「酢醤油和え、酢味噌和え」

その他も、また立派なサラダなのではあるまいか。

西洋人は、たとえば焼き魚を食べるときには、レモンと塩と、油（またはバター）をかけて食べる。そのレモンと油脂のかわりに、日本人は醤油を用いるのだ。彼らが油脂をもとにしてつくった多様なソースを料理に添えるのに対して、私たちは醤油（とその兄弟である味噌）というソース（醬）でほとんどの料理をつくってしまう。その意味で、日本料理にとって醬油は、西洋料理における油脂に相当する調味料だといったほうがいいかもしれない（四十頁参照）。

たとえばギリシャのタコ酢の例を見てみよう。

タコは、キリスト教徒にとっては〝悪魔の魚〟なので欧米の中心では滅多に食べられないが、その辺縁の地域――ギリシャ、ポルトガル、スペインなど（イイダコならフランス人も食べるが）――では食用に供されることがある。

ギリシャ式タコ酢は、茹で（生干し）ダコをブツ切りにしてボウルに入れ、そこへたっぷりのオリーブ油とレモン汁をしぼりこみ、塩をして、オレガノ等のスパイスを少々振りかけ、ついでによく熟した黒いオリーブの実もゴロゴロと入れて、全体をよく混ぜ合わせるのである。

この料理は日本でも簡単に再現できる。もちろん日本産の茹でダコを用いるのだが、混ぜ合わせたあと冷蔵庫に入れて、冷やしながら少し味をなじませてから食べると、ワインによく合ってとてもおいしい。タコの白と赤紫、オリーブの黒のコントラストも美しく、食卓に出すときにパセリのみじん切りを散らすといっそう華やかになる。

このギリシャ式タコ酢の、酢をレモンでなく和風の酢にし、油のかわりに醬油を使い、オリーブの実もやめて香料を和風に変えれば、それは日本のタコ酢、となる。

つまりこの東西のタコ酢において、油と醬油は変換される。

もちろんギリシャのタコ酢を、それは酢油和えだから〝サラダ〟と呼ぶべきであり、日本のタコ酢は酢醤油和えだから〝酢のもの〟と呼ぶべきだ、と主張することもできるかもしれないが、あのギリシャ料理の、もうタコ酢そのものといった面構えと味覚を考えると、そういう主張はきわめて視野の狭いショービニズム（排他的愛国主義）に思われてくる。

14　カツオのたたき

視野を広く構えて、酢のものに油を一滴加えれば〝サラダ〟になる、ということが正しいと同時に、油の入らない酢のものもまたサラダの一種である、と考えることにしよう。前者の〝サラダ〟は狭い意味であり、後者のサラダは広い意味である。そしてこの広い意味で考えれば、酢のものや和えものばかりでなく、たとえば醤油とワサビという、さきの例を適用すれば、

〈(4)プラス(5)〉

と表記されるドレッシングを添えた、

「マグロの刺身」

もまた、ひとつの立派なサラダであるということができる。

刺身はサラダである。

本当だ。

マグロの刺身というものは、マグロの刺身だ、と思って眺めると、マグロの刺身としか思えない。

しかしマグロの刺身を、これはサラダなのだ、と思って眺めると、だんだんサラダに見えてくるから不思議である。

いま眼前に、美しい皿にかたちよく盛られたマグロの刺身があるとしよう。

皿の手前に、赤い部分と、ピンク色に脂肪ののった部分のほどよく混じりあった、しっとりした肌をなまめかしく輝かせているマグロの切り身が数片並んでいる。

そのマグロの身をうしろから支えるように、大根の〝千六本《センロッポ》〟がこんもりと敷かれ、その横にミョウガのセン切りが少し置かれ、背後にはシソの大葉がピンと立てられていて、わきにレモンの輪切りが一枚飾られていて、端にワサビがある。

その皿の手前に、小さな皿があって、その中には醤油が入っている。

どうだろう。まったくサラダではないか。

これがサラダであることがまだ認識できないならば、ハシをとって、皿の上にあるものをすべてぐちゃらぐちゃらに攪拌してみればよろしい。マグロの身もツマの野菜もすべて渾然とミックスして、その上から小皿の醤油を注ぎ、もう一度かきまわす。

どうだろう。ミックス・サラダではないか。

材料はマグロと大根とミョウガとシソ葉。

ドレッシングはレモンから出た汁と醬油。スパイスはワサビである。

しばらく置くとマグロの身の脂肪分がいくらか溶け出してドレッシング液に油滴が光りはじめ、ますます一般的概念の〝サラダ〟に近い姿になって行く。

つまり刺身はサラダなのだ。

ただ、はじめからぐちゃらぐちゃらと攪拌した一品を食卓に出すのが日本人の美学にそぐわないから、素材を別々に盛りつけて持ってくるだけである。また食べるほうも、そんなふうに眼前でミックスすることは美的にも作法的にも許されないと考えているので、別々に食べて、腹の中で〝サラダ〟にするのである。

ただのマグロの切り身に醬油をつけて食べるだけのものも、サラダの究極的な一形態であるのだが、あまりに単純で姿が見えにくい。その点、ツマを添えてある（ツマは単なる飾りではなく全部食べるのが本当なのだ）刺身は、ちょっとアタマを切り換えればそれがサラダであることを看破するのはさほどむずかしくはないはずだ。ポン酢（酢醬油）にもみじおろしを混ぜたドレッシングで食べるふぐさしもサラダであることは看破しやすいし、土佐名物カツオのたたき、ということにでもなれば、それがサラダ以外の何物でもないことは現物で示される。

ご存知カツオのたたきは、三枚におろしたカツオの半身を、皮のまわりだけ強火でサッと焙ってから冷やし、厚めに切って塩をし、そこへタタキ酢（柚子を中心にした合わせ酢）をふりかけて手のひらか包丁の背でピタピタとたたいて味をなじませ、さらに、大根のおろしかセン切り、生姜のすりおろし、好みでピーマンの細切りでもシソの葉の細切りでもアサツキのみじん切りでも、適当な野菜をそのカツオの身に、ゴロゴロと切ったニンニクとともにまぶして、さらにタタキ酢を足してバットかなにかにしばらく置いておく……というのが、家庭などでつくるときのやりかただ。こうすると、カツオの身と野菜たちがぐちゃらぐちゃらに絡みあいなぶりあって、見た目にはちっとも美しくないけれども、味が滲みておいしいのである。気取った料理屋ではカツオの身と野菜（ツマ）を別々に、刺身のように造ってくることがあるが、それはむしろ邪道というべきで、たたきは、ぐちゃらぐちゃらのサラダのスタイルで出すのが本当なのである。

15 アジのタルタル

土佐のカツオのたたきの話が出たついでに、房州のアジのたたきの話もしておこう。

アジのたたきは、アジの頭と尾を切り離した本体を、包丁で細かく叩き刻んだ一品である。長皿の左手に頭を立て、右手に尾を立て、そのあいだに胴体部分の刻み潰された身を盛り、すりおろしたショウガとアサツキを薬味（スパイス）にして醤油で食べるのだが、これはアジのタルタル・ステーキである。尾《お》と頭《かしら》を添えてディスプレイするのはもちろん料理屋の発明で、もとは三枚におろした身だけ（ときには骨ごと）を叩き潰し、そこへショウガやネギのみじん切り（と、味噌か醤油）を加えてよく混ぜて食べた漁師の日常食、ないしは（漁に出た船の上で食べたりしたのだから）戦場食といったものだった。まさにタルタルである。

一三九頁に新しいフランス料理のレストラン〝ル・デュック〟のメニューから「ナマ鮭の刻み合えグリーン・ペッパー風味」という一品を例に挙げたけれども、この料理のフランス語名は、

「鮭のタルタル TARTAR DE SAUMON AU POIVRE VERT」

と名づけられている。

たたきがタルタルであり、タルタルが膾であり、膾が刺身であり、刺身がサラダであり、サラダが酢のものであり和えものであり……といつまでも限りがないが、要するにこれらの名で呼ばれる料理はすべて仲の良い兄弟なのである。

16　鮭のマリネ

ところでサラダをおいしくつくるコツだけれども、それはなによりも手早く、食べる直前に和えることだ。

着物や洋服は、ピシリと着つけたときはきちんとして美しいが、長い時間着ているとしだいに線が崩れてだらしなくなってくるだろう。サラダだって同じことだ。

ドレッシング（DRESSING――ドレスDRESSを着せること、着付け）は手早くやる。洋風サラダのドレッシングを〝着せる〟ときにも、和風あえものの〝衣《ころも》〟を着せるときにも、手早くすませてすぐに食卓に出すことが肝要である。そしてすぐに食べる。

サラダは長いあいだ放置しておくと、せっかく衣《ドレッシング》で包んで中の水分をとじこめたつもりだったのに、材料の水分が衣を通して滲み出してきてしまい、結局は水っぽいビチャビチャの、うまくもなんともないナマモノの残骸と化してしまう。だからサラダをつくるときには食べるだけの材料を刻んで、そのつどドレッシングに和えて食べるようにしなければならない。多すぎて食べ残した分は、捨ててしまう以外に方法がないからである。

それはよくわかっているのだが、眼前に大量の料理が並んでいないと不安でしかたがない私は、しばしばサラダをつくりすぎて往生する。ラップで覆って冷蔵庫に入れておけばあとでも食べられるがひどくまずい。なにか残ったサラダをうまく処理する方法はないものか。

ない知恵を絞った結果、奇跡的に無から有が生じて、私は二つの方法を考えついた。

ひとつは、それを漬けものにすること。

もうひとつは、それを炒め煮にすること。

これら二つの方法を考えついたとき、私は自分の天才に感動して思わずヒザを叩いたが、よく考えてみればあたりまえのことであった。

第二の方法はあとで検討することにして、第一の、漬けもの案を考えてみよう。

考えてみれば、サラダはそもそも漬けものなのである。

漬けものというのは、要するになにかをなにかに漬けたものだろう。

たとえば青菜を塩に漬ける。

大根をヌカ床に漬ける。

胡瓜を酢に漬ける（ピクルス）。

イワシを油に漬ける（オイル・サーディン）。

ニンニクを醤油に漬ける。

牛肉を味噌に漬ける。

というように、なにか（材料）をなにか（調味料）に漬けたものが漬けものだ。漬ける、ということは、浸ける、とも書くように、液体（流動体）の中に固体をひたす、あるいは沈めることを指す（塩漬けの場合でもすぐに水が出て流動体が青菜を包む）。とすると、材料（固体）に対して調味料（流動体）の分量がたっぷりある必要がある。

また、漬けるはつける（くっつける）に通じるといっても、漬けものという以上はある程度長い時間つけておく必要がありそうだ。一夜漬けの勉強だって、最低ひと晩は必要なのだから。

サラダも漬けものも、材料に調味料をまぶす点、その調味料も同種のものを用いることができる点で、基本的に変わりはない。ただ、調味料の量と、和える時間が相対的に異なるだけである。その相違は、サラダは水分が材料の中にとじこめられているうちに食べるものであるのに対して、漬けものは、材料の中の水分が充分に出てから食べるものであるという、食べかたの相違と表裏一体のものである。だから、水分が中にあるうちに食べ切れなかったサラダの残りは、すでに徐々に漬けものの域に移行しつつあるといえる。いっそのこともう少し塩を加え、押しをしてしまえば、一夜明ければホンモノの漬けものになるのではないか……と考えるのは当然だろう。

サラダと漬けものとは、そんなふうに、ひとつながりのものなのだ。

ここに、

「鮭のマリネ」

という一品がある。

ナマ鮭を薄く薄く切って塩をし、それを、オリーブ油とレモン汁にタマネギ（またはエシャロット）のみじん切りとタイムなどの香料で香りをつけた汁に二時間ほど漬けておく。グリーン・ペッパー（青い胡椒の実）やケイパーで香りをつけるのもよい。テーブルに出すときには浅い皿に移し、漬け汁を少しかけ、パセリのみじんなど振りかけ、レモンの輪切りで周囲を飾るといいだろう。ピンク色の鮭の縁がやや白っぽく変化する程度に味が滲み、身がしまっていてなかなかの美味だ。

この一品は、たしかにナマの鮭を使っているのに、とくに刺身だ珍しい料理だとは騒がれずに以前からあるフランス料理である。二時間も漬ければ、もうナマではないという認識であろうか。もちろんこの調理プロセスを食卓に出す二時間前ではなく直前にやれば、漬ける（マリネする）のではなくて和えることになり、実際に鮭もナマナマしいから、この一品は、

「ナマ鮭の薄切りグリーン・ペッパー風味」

というように名前が変わり、〝サラダ〟に分類されることはいうまでもない。

マリネという言葉は第Ⅰ章でしばしば出てきたが、いずれも下ごしらえの工程を指して

いた。肉を漬け汁にしばらく漬けておくと、味を滲みさせると同時に肉を柔らかくする作業のことである。われわれは豚肉の生姜焼きをつくるときにも、まず肉を生姜醬油に漬けておいてから焼くことにした。

しかし、この状態をつらつら観察してみると、豚肉が漬け汁に入っている姿は、

「薄切り豚肉の生姜醬油和え」

というふうにも見える。もっとも豚肉はナマでは食べないならわしだから、このままでは食卓にのぼすわけにはいかないけれども、豚を牛に変えれば〝牛刺し〟の変形サラダとして一品になるだろう。そしてこの、

「薄切り肉の生姜醬油ドレッシング和え」

というサラダの一種は、それごとジャッと油を引いた鍋にあけて炒めてしまえば、

「豚（牛）肉の生姜焼き」

という料理になるわけである。

つまりサラダ（和えもの）の状態は、まだ火熱を加えていない〝下ごしらえ〟の状態にほかならない。

だから、野菜サラダを食べ残してしまったら、そのまま鍋にあけて、

「野菜炒めヴィネグレット風味」

にしてしまえばよいのである（ヴィネグレットはドレッシング用の酢油ソースのこと）

というのが論理の行きつく先なのだが、実践してみるとまったくこの料理は変わった味がする。

17　焼きナスのシリア風

サラダは、ナマの材料を衣（ドレッシング）で和えるのが原則である。だからこそ、加熱する前の下ごしらえの状態に等しいともいえるわけである。

しかしサラダの中には加熱した材料を和えてつくるものも実際にはたくさんある。野菜の中にも、ナマで食べるより茹でて食べたほうがよいものもある。ジャガイモなどはその代表だろう。

茹でたジャガイモの乱切り（または大きめのサイの目）に、好みで他の野菜（グリーンピースやニンジンの茹でたもの）を混ぜ合わせて、マヨネーズを中心にしたドレッシングで和えて茹でタマゴなどを飾ったものが、

「ロシア風サラダ」

という、茹でものばかりでできあがるサラダである（別名イモサラダ）。

もちろん、サラダに海老や魚や貝を加える場合にはナマではなくていったん茹でたものを使うのがふつうだし、チキンサラダはローストしたチキンの身をほぐして用いることはご存知のとおり。

日本料理には、従来、野菜をナマで食べる習慣が（おろしは別として）なかったので、純然たる生野菜のサラダはメニューにのぼらなかったが、茹でた野菜のサラダの種類は実に豊富である。和えものもほとんどすべて茹でた野菜を用いるわけだし、茹でた野菜に醬油をかけて食べる、

「おひたし」

も、われわれの分類からいけばサラダに入る。この〝おひたし〟には、茹でたものを使うほか、味をつけて煮たものを冷やした〝煮びたし〟、焼いたものにつゆ（ドレッシング）をかけた〝焼きびたし〟などがある。

焼きナスというのも美味なもので、夏の宵などまことに結構だが、焼いたナスの身にソース（つまり、醬油、または醬油と出しのミックス）をつけて食べるというスタイルは、サラダというよりはやはり焼きものと呼ぶべきだろうか。

しかし同じ焼きナスでも、いかにもサラダ然とした一品もできる。

ナスを、まるごと、強火で、表面が焦げるまで焼く。

よく焼けたら、冷水につけて焦げた皮を剝ぎとり、中の身だけを取り出す（ここまでの

やりかたは日本風の焼きナスとまったく変わりがない)。このナスの身を、ボウルに入れて(スリバチのほうがなおいいが)よくすり潰し、そこへタマネギのみじん切りと、ニンニクのすったものを加え、塩胡椒し、タイムなどの香料を振りかけたうえへ、ヨーグルトをたっぷりと入れてから全体をよく混ぜ合わせる。合わさったら最後にオリーブ油を上からタラーリと流し落とし、一、二回かきまぜて、そのまま冷蔵庫に入れてよく冷やす。一時間ほど冷やしたら取り出し、冷たい深皿に盛って周囲をレモンの輪切りとオリーブの実で飾り、パセリの緑を振りかけてテーブルに出す。

これは、私がパリで下宿していたときに隣りの部屋に住んでいたシリア人の青年が実演して教えてくれた料理だから、きっとシリア料理なのだろう。夏の宵などに一本の白ワインを冷やして庭のテーブルの上に置き、暮れゆく夕景を眺めながら、薄く焼いたトーストの上にのせて食べるといい気分である。

18　ワカサギの南蛮漬け

酢・砂糖・醬油・酒を出し汁で割り、いったん煮たてて、タネを除いて小口から輪切りにした赤唐辛子を入れてから、冷ます。その漬け汁の中に揚げたてのワカサギの唐揚げを、熱いうちに漬けこむ。

これがワカサギの南蛮漬け（または南蛮酢和え）だが、漬けこむといっても何日も放置して漬けものにするわけではない。冷めたらすぐ食卓に出していいのである。

とするとこの一品は〝揚げびたし〟であるから、広い意味のサラダの一種と考えていいのか。それとも揚げものをソース（つけ汁）につけて食べる唐揚げ料理の一種か。

いったいどちらに分類すべきなのか。

焼きナスもそうだがほうれん草のおひたしだって曖昧だ。あれは茹でた料理をソースにつけて食べる一品ではないか。それでは豚肉を茹でて冷やしたものを薄切りにして、酢醤油に辣油を入れたものをつけて食べる場合はどうか。茹で豚料理か、豚のサラダか。だいたいサラダとソースはどういう関係にあるのか。サラダを和える衣はヴィネグレット・ソースだとかマヨネーズ・ソースだとか、いずれもソースと呼ばれるものだとするならば、ソースで和えたものはみんなサラダなのか。そうだとしたらステーキにソースをつけて食べたらステーキはサラダになってしまうではないか。それでは世の中にサラダ以外の料理はなくなってしまうではないか。

ここに至って鬱然《うつぜん》と疑問がたちこめる。

それは当然のことである。

だって、本当にそうなのだから。

ソースという言葉がラテン語の〝塩（サル SAL）〟から派生してきたことは第Ⅰ章で述べた（四二頁）。

同様に、サラダという言葉も、同じラテン語の〝塩〟から派生したもので、本来は、

「塩味がつけられたもの」

という意味である。

一本の胡瓜に、塩をつけて食べるとしよう。

その場合、胡瓜につける塩は〝ソース〟であり、塩のついた胡瓜は〝サラダ〟ということになる。

一枚の焼き肉に、塩をつけて食べる。

とすれば、その塩は焼き肉の〝ソース〟であり、塩味のついた焼き肉（ステーキ）は、そう、〝サラダ〟ということになる……。

つまりステーキはサラダなのだ。

――と、きわめて原則に忠実に考えていけば、いえることにもなるのである。

要するに、塩はすべての調味料の基本で人間にとってなくてはならないものであり、すべての料理はなんらかのかたちで〝塩味をつけられている〟以上、この世の中にサラダ以外の料理はなくなってしまうのだ。

この考えかたは、

「人間は火を利用することを知ったときに料理を発見した」

というテーゼに対して、

「人間は塩を利用することを知ったときに料理を発見した」

という対案を提出することになるだろう。

19 カエルのなまぬるサラダ

「火」か「塩」か、という問題は、ほとんど議論をする必要のない問題にちがいなく、おそらく両方とも同じ程度に正しいと思われる。ただ、「火」のテーゼを採用するとナマものが〝料理〟の範疇《カテゴリー》からはみ出してしまうから、「塩」の理論のほうがナマものを含む点でより射程が広いということはできるかもしれない。

しかし、フランスをはじめとする西洋料理の国々が、長い間〝火熱至上主義〟をとってきたためか、サラダというものがどういうものであるかが従来充分に認識されていなかったきらいがある。だからなんとなく、ナマっぽいものを和えたのがサラダであるとか、野菜ばかりでなく肉でも魚でも使うことは構わないしいったん火熱を加えた材料を使ってもよいけれども、やはり冷たい料理でなければサラダとはいえないのではなかろうか、などという、曖昧な概念が漂っていたのである。

料理が熱いか冷たいかで、それがサラダであるかどうかが決まってしまうわけではないだろう。

あるフランスの料理の本は、新しいフランス料理の一例としてこんなメニューを紹介している。

――カエルのモモ肉を、塩胡椒してからバターでソテーする。強火で炒め、焦げめがついたら取り出して皿にとっておく。別のボウルに生クリームを入れ、卵黄と、酢を少々入れ、カイエンヌ・ペッパー（赤唐辛子の一種）で香りをつけ、そこへシブレット（蝦夷《えぞ》ネギ）のみじん切りを加えてよくかきまぜてソースをつくる。さっきのカエルのモモ肉に、このソースをよくからませ、皿に盛って供する。

として、この一品を、

「カエルのなまぬるサラダ SALADE TIÈDE DE GRENOUILLE」

と名づけて紹介しているのである。

たしかに炒めたカエルはソースをつくっているうちに冷めてなまぬるくなっているから〝なまぬる〟であるが、これが、サラダなのだろうか。冷たくなったらサラダになるのか、カエルが熱いうちはサラダでないのか。こんなふうに、熱い冷たいにこだわっているとわからなくなってくる。

結局いちばん単純に考えるのがいいようである。

サラダは、つまるところ和えものなのだ——材料を調味料で和えたもの。

ナマの材料を調味料で和えたものは、それをそのまま食卓に出すことができればいわゆるサラダであり、そのままではまずいというのなら、火熱を加えて〝料理〟する前の〝下ごしらえ〟の状態なのだと考えればよい。

火熱を加えて〝料理〟した後の材料を調味料で和えたものは、それも抵抗がなければサラダと呼んでも構わないし、習慣からサラダと呼ぶのに抵抗があれば他の名で呼んでもさしつかえない、というわけである。ステーキにワインソースをかけた一品であれば、材料（ステーキ）に調味料（ワインソース）を和える（からませる）作業はコックでなく食べる本人が（切り刻む作業と同時に）やるだけの話。つまりその場合は、和える（切り刻む）ことが〝下ごしらえ〟ではなくて〝上ごしらえ〟——いいかえれば、〝料理以前《プレ・クッキング》〟ではなくて〝料理以後《ポスト・クッキング》〟であるということだ。フランスのレストランにおけるカキや生野菜のサービスの話（一三一〜一三二頁参照）も、このあたりの消息にかかわってくるわけだ。

こう考えると、ようやく全貌が見えてくるのではないだろうか。

要するにサラダという名称は、火熱を加えて材料を処理するという意味での〝料理〟の中心的工程の前後に接続する、調味料を和える（加える）という作業の綜合的な表現にかかわっているのであるという……。

V　スープとお粥の関係

1　チョルバ・デ・ブルタ

ルーマニアのブラショフという町で一週間ほど過ごしたことがあったが、毎朝の楽しみは町の食堂で食べるチョルバ・デ・ブルタであった。

この国では食堂・レストランが朝の七時、八時ごろからあいていて、休まずにそのまま一日中あいている。ひとつにはレストランが喫茶店の機能を兼ねているからでもあるようだが、朝いちばんの客というのは、コーヒーを飲むのではなくて、ガッチリと食事をしていく人々である。見たところその中でいちばん人気のあるメニューがチョルバ・デ・ブルタのようであった。

チョルバ・デ・ブルタは、牛の胃袋を煮こんだスープのことである。ブルタは胃袋、チョルバは酸味のあるスープのことだ。

深皿に入れられた熱いスープは、やや白濁するほどに濃厚な、わずかに黄褐色の光をたたえた半透明の液体で、その底に白い薄紙のような牛の胃壁の小片が漂っている。スープの表面には細かな脂肪の粒が夥しくキラキラと輝いて美しい。

そのスープに、まず卓上のツボからサワークリームをとってひとさじふたさじ落し、次に同じく卓上の小皿からニンニクのすりおろしたものを小さじにとってたっぷりと入れる。そして同じく卓上のコップに入っている青唐辛子を左手でつまみ、その青唐辛子をまるごとアタマからかじりながら、ニンニクの匂いも強烈な熱い胃袋のスープを右手のスプーンからわが胃袋へと流しこむのである。しかも合いの手には焼酎――スモモの実からつくったルーマニア名物の蒸留酒ツゥイカ――をクッと杯から飲みほすという手法だから、たちまちのうちに鼻のアタマに汗が噴き出し、胃の腑は赫々と燃えはじめ、心臓さえドキドキと鐘を鳴らしはじめる。

まったく朝っぱらから刺戟の強いことときわまりないが、朝の食堂には同じメニューをラクラクとこなしているルーマニア人がいっぱいいるのである。そして実際にこれは稀代の美味で、いちど試して以後やみつきになって私は一週間の毎朝をこのメニューで過ごしたのであった。冬の寒さの厳しい土地の生活の知恵で、こうした食事でからだをしっかりとあたためてから一日の仕事にとりかかろうというのだろう。

牛や豚の胃腸というのは、やたらに硬いうえに脂っぽくて、ひと筋縄では食えぬ奴であるが、ていねいに辛抱強く調理すると、舌の上でとろけるような美味の本性をしだいにあらわしてくる。

日本の肉屋で白《しろ》モツといって売っているのが胃腸である。捨てるようなところだから安いものだ。それを何百グラムか買ってきて、冷水でゴシゴシと（タワシかなんかを使って）よく洗い、いちど熱湯で湯がいたあと、あらためて清水に入れて水からじっくりと煮る。沸騰したらアクをとり、ニンニクや香味野菜を入れてあとはトロトロとトロ火で煮続けると、二時間や三時間ではなかなか柔らかくならないが、六時間くらい経過したころから、急にホクッと柔らかくなる。そのころにはスープも濃厚かつ清澄に仕上がっているはずだ。

このスープに、さらに香料と酸味を加え、塩加減をしたものが、チョルバ・デ・ブルタである、と、いってもいいだろう（レストランでやる場合には卵黄やバターを加えたり他のスープと混合したり、もう少し複雑に手を加えるようであるが）。

またこうして煮上がった白モツを、味醂と酒と出しで溶いた味噌の中でさらに煮こみ、豆腐を加え、上からさらしネギをたっぷりのせて唐辛子でも振りかけると、ホルモン焼き屋の、

「モツ煮込み」

ができあがる。焼酎、あるいはホッピーなどやりながらこれを食べる日本の夕暮れは、ルーマニアの朝にまさるともおとらぬ至福の時間である。

あるいは、こうしてつくった白モツのスープに他の野菜を加えて、シードル（りんご酒）の香りをきかしたミックス・スープに仕立て上げれば、

「トリップ・ア・ラ・モード・ド・カン」

という名の、フランスはノルマンディー地方の都カンに伝わる名物料理と化する。まさに胃袋は変幻自在である。

2　茹で肉の緑ソース

イタリア北部に、

「ボリート・コン・サルサ・ヴェルデ」

という名物料理がある。

牛肉をひたすらシンプルに水から茹であげたものに、草の葉をすりつぶした緑色のソースをつけて食べる料理である。緑色のソースは、パセリ、チャイブその他の香草を何種類か合わせてすりつぶし、油と酢とで溶きのばし、塩（と好みで砂糖）で味をととのえたものである。

この料理は西洋肉食民族のもっとも基本的でクラシックなレパートリーのひとつといってよく、フランスにもイギリスにも他の多くの国にも古くから存在した。ただそれを今に伝えて、レストランのメニューにものせている点で、イタリア北部（とオーストリア）が現在ではよく知られているわけだ。

肉の塊りを、水から茹でる。

リソレもなにもしない。洗った肉塊を深鍋に放りこみ、水を張って茹でるだけの話だ。はじめ強火で、沸騰したらアクをとり、あとはトロ火でトロトロと煮る。手間のかからない、いわば原始的な調理法である。

肉塊が充分に柔らかくなったら出来上り。熱い皿にその肉を盛り、緑色のソースをつけて食べる。ふつうこの料理には他の野菜はつけあわせない。

緑色の、アルカリ性のソースは、肉の酸性を中和する働きをする。これは、中央アジア・西アジア一帯の住民たちが、羊肉を食べるときに必ずコエンドロ（香菜《シャンツァイ》）やミント（薄荷《はっか》）の生の緑葉をいっしょに食べるのと同様の、肉食民族の生活の知恵である。茹で肉のグリーンソース添えというのは、昔からの伝統を汲んだ古めかしい料理なのだ。

西洋料理では、肉には必ずといっていいほどジャガイモを、さまざまのかたちに調理してつけあわせるのが、現在ではひとつの常識のようになっているけれども、もともとジャガイモは南米ペルーあたりが原産地で、それがヨーロッパに伝来したのは一六世紀のなかばのことである。それまでは、肉に緑葉をすりつぶしたものをまぶして食べたり、豆類やキャベツをいっしょに煮こんだりして食べる（か、あるいはワインをガブガブ飲む）のが、酸性を中和するおもな方法であった。ジャガイモははじめのうちは気味悪がられて食べられなかったが、一八世紀末からその真価が認められはじめ、しだいに代用食としても欠かせない地位を確立していく。と同時に、ビタミンCは摂れてもハラのふくれない緑葉ソースの人気は下落していったようである。

3　ポトフー

しかし肉の塊りをただトロトロと水で煮るというのも芸のない話である。別にはじめにサッと炒めて（リソレして）エキスを中にとじこめてから煮ようなどという工夫もない。が、おそらく昔はその単純な料理法を、怠惰とか無能とかいう理由からではなく、現実の生活事情を正しく考慮した末に得た合理的解決法として採用したのではないかと思う。

とにかく肉は硬いのだ。

ゴロゴロと大きい肉塊は、見た目にこそ立派だが、たいがいは尻の肉だとかシッポだとか足の先だとか、どうでもいいような部分なのだ。もっといい部分はとっくに焼いて食ってしまったか、大事に保存しようとして干したかくんせいにしたかに違いない。まともな方法では食えないところだけが残っている。だからしかたなく煮るのである。

肉のエキスを完全放出させてしまわないようにはじめに強火で炒めて焦げめをつける、などというのはそもそも贅沢な発想だ。かなり〝食える〟肉だからこそそう考えるのだろうし、そんなふうに処理したうまい肉ばかり食べたらたちまち肉の消費量がふえてしまう。不経済である。

仮りに、ひと塊りの肉を与えられ、それをいかに食いのばすか、という問題を出されたとしたら……。

やはり肉塊を水に放りこんで、茹でるだろう。そうすれば中に含まれるエキスが充分に放出されて、はじめは単なる水であったものが滋養に富んだスープとなる。そのスープに小麦粉でも、小麦粉がなければ裸麦でもなんでもぶちこめば、栄養のある、しかもたっぷりと腹のふくれる粥だか汁だかになるだろう。ひと鍋のスープで何日間もすごせるはずだ。で、そのスープを食い尽したら、ようやくそこで、残った、すでにおのれのすべてを吐き切って抜け殻となった哀れな肉塊を、それまで数日の間いのちを永らえさせてくれた彼の功績に感謝しつつ、じっと奥歯でかみしめるのである。すでにそれは単なる繊維の堆積でしかないが、感謝の念をジッと凝《こ》めれば、かすかな滋味を感じることもできるだろう。茹で肉という芸のない料理は、そんな出生の秘密を抱いているのではないだろうか。

フランスの家庭料理の代表とされているポトフーという一品は、茹で肉の生い立ちを語る生き証人のように思われる。

ポトフーというのは、要するに、牛肉の大きな塊り（腰肉かモモ肉あたりがいいだろう）を水からコックリと煮て、その鍋に途中でタマネギだのポロネギ（長ネギ）だのセロリだのニンジンだの、適当な野菜を加えて、全部をひとつの鍋で仲良く時間をかけて煮上げたものである。レストランでなら、材料をリソレしたりスープを別にとって加えたり、いったん濾したりといった手間を加えるだろうが、家庭料理の本領は余計な手間を加えずに最後まで煮上げてしまうところにある。もちろん途中で入れた月桂樹の葉は食卓に出す前に引き出すといった程度の配慮はするにしても、その他はほとんど手をかけない。

こうして、台所の火の上の深鍋の中でできあがったポトフーは、そのスープだけを大きな深皿にとり、茹であがった肉や野菜は別の大皿にとり分けて、食卓に運ぶ。

食卓を囲む一家は、胸の中で神様に感謝してから、まずそのスープを飲む。肉と野菜からたっぷりと出たスープはうまい。

そして次に、茹であがった肉と野菜を、メインディッシュとして、塩胡椒と芥子《からし》の調味で食べるのである。

つまりポトフーは、かつての茹で肉とスープの関係を一身に凝縮した表現であるといっていいだろう。

〝ポトフー POT AU FEU〟という語は、火にかけた鍋、という意味である。要するになんでもいいから鍋にぶちこんで火にかけた、なべもの、ということだ。

〝ポタージュ POTAGE〟という語も同類で、〝鍋 POT〟に入れて調理したもの、程度の意味合いである。つまり、なべもの。

もともとは、ポトフーもポタージュも、あるいは茹で肉もスープも、出生は同じである。スープと中身を分けて別々に食べるか、いっしょくたにひとつ鍋から食べるか、という、食べかたのスタイルの違いでしかない。日本のなべものの場合はすべてをいっしょくたに放りこんだひとつの鍋を食卓にそのまま持ち出してきて、それを囲んで食べる。その情景はまさしく日本的な、美しくもわりなき運命共同体《ゲマインシャフト》の姿を象徴しているが、その点個人主義を標榜する彼らはわざわざ汁と中身とを分け、それをさらに個人用の別皿に盛って個人々々で食べるというだけのことである。といってその彼らも、いまでこそそうだが、近代個人主義が確立する以前は、ひとつの鍋の中に汁も身もごったに入れて、そこからめいめいが自分の皿にとって（あるいは直接鍋から汁や実を口に運んで）食べていた。そしてそのようなごった煮が、スープとも、ポタージュとも、ポトフーとも、呼ばれていたのであった。

4　ブイヤベース

ブイヤベースにしても同じことだ。ポトフーの肉を魚にかえただけである。

ブイヤベースの本場は南仏マルセイユとその周辺とされているが、なかでも本場中の本場と定評のあるのが、マルセイユの少し東側にある小さな港町カシ（カシスと発音する人もいる）である。この町の近くでとれる白ワインがよく合うこともあって、ブイヤベースはここ、という評判をかちえている。いまではちょっとした観光地だが、もともとはひなびた漁師町。その裏通りの飾り気のない食堂で食べるブイヤベースといえば、それこそがホンマモンであるわけだ。

ブイヤベースを注文し、とりあえず小海老の茹でたのかなんかでよく冷えた白ワインをちびりちびりとやることにしよう。

古網と浮き玉が唯一の装飾といった食堂の片隅の木机に向かって、周囲の赤い頬をした土地の人々のしわがれ声の会話を耳にしながらちびちびやっていると、そのうちに奥から、まるまると太ったおばさんが、極太の両腕にブイヤベースの大鍋を抱えてやってくる。

ブイヤベースはひとつ鍋にあらゆる魚介をいっしょくたにぶちこんで煮たゴッタ煮である。南仏のバニラとも異名をとるニンニクの匂いをきかせ、サフランで華やかな香りと赤褐色の色合いを添えているのが、この魚介のゴッタ煮を他の同類から区別する唯一にして最大のポイントだ。

そのゴッタ煮の鍋がそのままデンと食卓の上に置かれる。

そしてオバサンは、まず深い皿を取り出し、鍋から赤褐色のスープだけをすくいとってその皿を満たし、私の前に置いてくれる。

食卓の上には他に、フランスパンを輪切りにしてこんがりと焼いたものがたくさんカゴに入れて置いてあり、そのわきのツボの中には赤錆色《あかさびいろ》のドロリとした物体が入っている。これはルイユ（赤錆）と呼ばれる、マヨネーズにニンニクと唐辛子を思い切ってたくさん混ぜ合わせた、ピリピリッとくる刺戟的なソースである。

赤褐色のスープに、焼いたフランスパンの輪切りをそっと、二つ三つ、三つ四つ、浮かせる。そのパンの浮き島の上に、ルイユをたっぷりとのせる。

おもむろにスプーンをとる。

そのうちにパンにスープが滲みはじめる。頃合いを見てルイユをのせたパンをスプーンで少し押してさらにスープを滲ませ（するとルイユの一部は飛び散ってスープに混入する）、そのパンを周辺のスープとともにスプーンですくって食べる。パンを食べ、スープを飲み、二つめのパンを同じようにして食べ、またスープを飲む……。

こうしてはじめのスープがなくなったら、こんどは、食卓の上にさっきから置かれている鍋の中から、自分で魚介とスープを取り出して、その同じスープ皿に入れるのだ。そして魚をスープとともに、ときどきルイユを足したりしながら、食べる。

これがブイヤベースの食べかたである。

しかしブイヤベースの美味はひとえにそのスープにあるのであって、魚にあるのでは決してない。タイ、スズキ、ホウボウ、その他の小魚などを炊いてスープをとり、ほぐした白身をそこに浮かせて出してくるのだが、姿がボロボロの残骸であるばかりでなく、その魚の身にはもう味もなにもない。スカスカのだしがら、である。高級レストランでは別に味を残して煮た魚や、新鮮な貝や海老や、派手なところでは大型の伊勢海老などをあとから投入して味と見た目の美しさ豪華さを確保するならわしだが、それはいわばリソレして肉をうまく食わせようといった贅沢な配慮と同じであって、庶民のブイヤベースはスープに出た旨味だけが身上なのだ。

ブイヤベースという、とくに日本などではひどく高級で上品だと思い込まれている料理は、実は卑しい素姓の庶民の子なのである。

明け方に亭主は海へ出て行く。

そして朝のうちに戻ってくる。獲って帰ってきた魚は、港の埠頭に設けられた即席の市場に並べられ、売り出される。

昼に近くなる。

いくらかの魚が売れ残る。

おカミさんは売れ残った魚と、はじめから売りものにならないので別にとっておいた雑魚とを家に持ち帰り、鍋に入れ、ニンニクとサフランを放りこんで生臭さを消しながら煮立て、一方できのう食べ残して硬くなってしまったパンのかけらを火に焙って……こうして台所からいい匂いの流れてくるころ、一日の仕事をすでに終えた亭主はワインを一杯やりながらカミさんの手料理のできあがるのを待ちかねている。

これがブイヤベースの構図なのである。

ブイヤベース BOUILLABAISSE という語は、ブイイール BOUILLIR（茹でる）という語から派生したもので、いわば、

「茹でもの」

といった意味である。

それにしてもゆでものだとかなべものだとか、フランス料理にはずいぶん単純な名前のものが多い。

5 ビーフ・シチュー

私たちがよく使うシチューというのは英語の STEW から来た言葉だが、本来の語源は、熱い風呂に入る、という意味だそうである。それが転じて、フタをした容器で長い時間をかけてボイルする（茹でる）という料理法を指すようになった。

なべものとかゆでものというよりは、このほうが明確な内容を持った言葉である。

風呂に入るときは、いくら熱い湯でも浴槽に半分しかなくてはからだはあたたまらない。入ったときに全身が浸かるに充分な量の湯が必要である。シチューというのも、たっぷりの湯（スープ）の中で材料を煮なければならない。そしてトロ火で長い時間煮ていくうちに、水分が蒸発して、スープの量が減ってトロリとしたソースのごときものになる。そこでシチューのできあがり。よく煮えた肉や野菜に、トロリとした煮汁がからまって、おいしそうだ。

が、別に、シチューだからといって、汁が減ってトロリとする必要はないのである。はじめから終りまで大量の液体の中で泳ぐように煮あげた一品でもシチューはシチューであることに本来変わりはない。ポトフーもビーフ・シチューの一種だし、ブイヤベースはフィッシュ・シチューである。日本の寄せ鍋なども（そう長時間トロトロと煮るものではないけれど）英語の料理本ではワンポット・シチュー ONE POT STEW と訳されていたりする。こうした言葉の使いかたは曖昧のようだが、本来スープとシチューは区別のないものなのだからしかたがない。要するに火の熱を水に伝え、その水の中で材料を変化させるという料理の技法——〝煮る（茹でる）〟——を用いてできたものがスープでありシチューであり、つまるところ〝煮もの〟なのだ（〝煮る〟と〝茹でる〟は同じことである。茹でるというと清水を熱した湯の中で加熱することだけを指し、スープや他の夾雑物の入った汁の中で加熱することは、ふつう、煮るとはいうが茹でるとはいわない。だが、清水の中に材料を入れて加熱したら、いやでも材料からエキスが出て、清水はただちに出し汁《スープ》と化すであろう。〝茹で〟ようと思って材料を清水に投じた調理人の意図は、たちまちのうちに裏切られるのである。つまるところ〝煮る〟と〝茹でる〟に区別はつけられない）。

大量の汁があって、その中に一個も固形物が入っていなければそれはスープ（出し汁）にちがいない。シチューではない。

その汁の中に、野菜の刻んだのや、ベーコンの小片が入っていたらどうだろう。まだ、スープといったほうが適当かもしれない。

そこへ、ジャガイモを半分に切ったのと、サイの目に切った肉を入れたらどうか。

もっとイモを加え、肉も大きい塊りを放りこんでみたらどうなるだろう。

スープは、しだいにシチューの様相を呈しはじめ、そのまま煮ていくと汁はトロリと煮つまって、結局はシチューと呼ぶ以外にない一品になっていくのだが、少しずつ材料を加えていく過程のどの時点でスープがシチューに変身したかを明確に指摘できる人はいないだろう。シチューの状態からさらに汁がなくなれば、あるいは汁を切って中の実《み》だけを取り出せば、それは肉や野菜の〝煮もの〟の姿である。

もちろんこの実験は、西洋風のスープとシチューでなく、たとえば味噌汁と味噌煮でやってもよいことはいうまでもない。豆腐の味噌汁における豆腐と汁の相対量の変化（あるいは煮込む時間の差による味噌の豆腐への浸透度）が、いつの時点から〝豆腐の味噌汁〟を〝豆腐の味噌煮〟に変えるのか。これもむずかしい。いや、むずかしいというよりはバカバカシイか。

6　鶏の水炊き

話をコメに変えてみよう。

コメ粒を、煮汁の中にパラパラと放りこむ。

トロリとした〝シチュー〟の汁をつくりたいときには、この方法は有効である。煮ているうちにコメ粒が溶けて、汁にトロミがつく。西洋人はよくこの手法を用いるし、日本でも鶏の水炊きなどの場合に生ゴメをスープに溶かしてトロミと白い色を加えるテクニックを用いることがある。このときには、生ゴメを洗わぬままひとつまみ鍋の中に投入すればよい。

濃厚な鶏ガラのスープで鶏肉や野菜を煮ながら食べる、リッチな味わいの水炊きは美味である。

あらかた具を食べ終ったあと、残りのスープの中にごはんを入れて雑炊《ぞうすい》をつくる。これがまた美味である。

鍋ものの最後にそのスープで雑炊をつくる場合、ふつうは、いったん別に炊いたごはん（硬めに炊いたもの、または硬くなった冷や飯）を入れるが、本当は生ゴメを入れてはじめからスープで炊くのがいちばんおいしい。ただ時間がかかる（といってもせいぜい二、三〇分だけれども）のであまり行われていないようだが、お粥だっていったん炊いた飯を煮たのではうまくない、生ゴメからじっくりと煮上げたもののほうが美味なのである。

もしも時間がかかりすぎて待ちきれないというのなら、鶏やネギや豆腐やコンニャクや茸などを煮ながら食べている宴の最中から、早目に生ゴメを入れておいたらどうだろう。

トロミをつけるためにパラパラと投入するコメ粒の量を、思い切ってふやすのである。
四人で囲んでいる中くらいのサイズの土鍋に片手でつかんだコメを投入する。と、はじめコメ粒は底に沈んで視界から消えるが、二、三〇分のあいだ鶏や野菜を食べることに気をとられているうちに、着実に汁を吸って膨張してきて、具をあらかたたいらげるころには、スープの表面すれすれのところにまでコメ粒たちがせりあがってきていることに気づくだろう。そのときにオタマでぐるりとかきまわすと、コメ粒が鍋の全体に拡散して、ちょうどいい具合の加減に雑炊ができあがっていることがわかるはずだ。まだちょっと水分が多すぎるかな、といった具合に見えても、見ている間に表面の水分が蒸発していって、めいめいの皿にとり分けるころにはちょうどよくなっているものだ。片手でつかんだコメ粒が、土鍋一杯の雑炊になっているのである。と同時に水の量は相対的に減少している。

「心平粥」

という、詩人草野心平氏の創案になる一品がある。
材料は生ゴメとゴマ油と水。これらを一対一対一五の割合で混ぜる。一人分の夜食をつくるのなら、コメ粒(洗わないままでよい)をおちょこに一杯、ゴマ油をおちょこに一杯、水をおちょこに一五杯、といった程度が適当だろう。これをいっしょに土鍋(おちょこ一五杯分の水が入ればいいのだから小さなものでよい)に入れ、火にかけて、フタをする。そしてそのまま二時間、手も触れず放置する。二時間後にフタをとってみると、コメ粒のひとつひとつに充分に水分がふっくらと滲み込み、余分な水分は蒸発し、そのコメ粒のひとつひとつをゴマ油の膜がしっかりと覆ってコメのうまみを確保している、ちょうどよい具合に炊きあがった、まとまりのよい粥の姿がそこにあるだろう。これはゴマの香りが馥《ふく》郁《いく》とした、多少の塩味を加えて食べると滅法うまいゴマ油粥だが、それはともかく、水がコメの一五倍もあってもちゃんとした粥ができあがるのだ。そして、そのままさらに加熱を続けていけば、はじめにあれほど大量にあった水分がすっかりなくなって、炊きあがったコメさえ乾きはじめ、最後には焦げついてしまうだろう。

7　リジ・エ・ビジ

ところで、雑炊と粥はどう違うのか。

一般的には、あまり具を入れずに水で炊くのを粥、ふつうは具を入れてスープ（出し汁や味噌汁なども含む）で炊くのを雑炊、と呼びならわしているようだけれども、両者の間に明確な差がないことは、もうしつこくいわなくてもわかるだろう。また、粥やごはんは〝炊く〟というが、水炊きという名もあるようにほかのものを煮るときにも炊くという言葉を用いるし、〝たく〟を〝煮く〟と書くこともあるほどで、つまり炊くと煮るとは同じことだ。

ここで外国のお粥（雑炊）の例として、イタリアはヴェニスの名物料理を挙げておこう。鍋にオリーブ油を熱してベーコンのサイの目に切ったのを入れて炒め、そこへ生ゴメを洗わぬまま放りこみ、コメ粒が完全に透きとおるまで炒める。炒まったら上から、ジャーッとスープを注ぐ。スープにはサフランの香りをつけておくのがよい。そしてそのままフタをせずに、ときどきかきまわしながら煮て、途中でグリーンピースを加え、スープの全体がほぼコメに吸収されたと見えたらそれでできあがり。ぐずぐずの、おじやのようなものになる。リジ（米）とビジ（豆）という名だから、イタリア版の豆粥といったところか。

8　チェロ・ケバブ

コメを毎日のように食べる民族は世界にたくさんおり、コメの炊きかたもさまざまだが、たいがいはフタをしなかったり、フタをしてもときどきそれをあけて鍋の中の状態を観察することが許されているから、日本の場合と違って、それほど高度な技術を要しない。

日本では、粥を炊くときも、水加減をしていったんフタをしめたらできあがるまでフタをとってはいけない、としているので、粥すら容易に炊けぬ。

日本料理では、水とコメの相対量に応じて次のように粥に段階をもうけて命名している。
(1)　三分粥――三合のコメに一升の水（三・三三倍）を加えて炊いた粥。
(2)　五分粥――五合のコメに一升の水（二倍）を加えて炊いた粥。
(3)　七分粥――七合のコメに一升の水（一・四三倍）を加えて炊いた粥。
しかし、いうまでもないが、この数字にこだわる必要は毛頭ない。二・三分粥だって、三・一四分粥だって、六・三四二五分粥だって、適当でいいではないか。みんな粥であることに変わりないのだから（ただし水がうんと多くなると重湯《おもゆ》と呼ばれることになるが）。

ふつうのごはんを炊くときの水加減は、コメ一・〇に対して水一・〇〜一・二の割合とされている。新米か旧米か、洗ってからどのくらいの時間が経っているか等、炊く前にコメ粒に含まれている水分のパーセンテージによって数字は一・〇と一・二の間を微妙に揺れ動くわけだが、いずれにせよ、水の量がコメの量より少なく（一・〇倍以下に）なるとコメは充分に水を吸収することができず調理が不完全になる（芯が残る等）。逆に水がコメの一・二倍以上あるとごはんは柔らかすぎ、さらに水が多ければ多いぶんだけその水分を吸収してコメは水ぶくれとなり、ついには吸収しきれなくなって全体がグズグズの流動体となる……。

ということは、水がコメの一・二倍以上になれば、そこから先は永遠に粥なのである(昔はコメを蒸したものを飯と呼び、炊いたり煮たりしたものはすべて粥と呼んだ。ふつうのごはんのことは固粥《かたがゆ》といった。なかなか論理的な命名法である)。

だから粥の場合、三分粥をつくろうと思ったのが結果として三分半粥になっても失敗とはいい難いが、ごはんを日本風にきちんと炊くのはむずかしい。一・〇倍から一・二倍の間のもっとも適当な水加減をピタリと当て、しかもその水分のすべてがちょうどすべてのコメ粒に吸収された一瞬に火を止めなければならない。神技である。水加減が万が一ピタリと決まっても、火加減のタイミングがずれたら着地に失敗してしまう。早く火を止めれば柔らかいヌラヌラしたごはんになるし、かといって遅すぎたらおこげができる。伝統的にはどちらにずれても失敗作と認定される。

もちろん家庭ではそんなにビクビクすることはなく、おこげができるのもまた楽しいものだ。中華料理には、わざわざつくった熱いおこげにジュッと音を立ててスープをかけて食べる料理もあるではないか。ごはんは柔らかすぎたらお粥だと思って食べ、炊きすぎたらおこげ料理を食べているのだと思うことにすれば、失敗ということはなくなって家庭は平和である。

世界のコメ料理のうちで、日本式のプレイン・ボイルド・ライスのつくりかたと双璧をなすと思われる難度を持つのが、やはり世界を代表するコメ食い国であるイランの、チェロとポロである。

コメは、なまぬる湯で洗ったあと、塩を入れた冷水に漬けて一晩おく。

熱湯を大鍋に沸かし、ひとつまみの塩を入れ、そこへよく水を切ったコメを入れて、たえずかきまわしながら一〇分ほど茹でる。

茹だったらザルにあけ、なまぬる湯をかけてコメを洗い、粘り気をとる。

深鍋の底に溶かしたバターをまんべんなく塗り、水を少々振りかける。その上へ、洗ったコメをひとつかみずつ、均等にならすようにして入れていく。最後は山盛りになるようにして、全部入れる。そして上からまた溶かしバターを均等に振りかけ、鍋にふきん(またはペーパータオル)をかぶせてからきっちりとフタをする。はじめ中火で一〇〜一五分、そのあと弱火で三五〜四〇分。

この、火加減とタイミングがむずかしい。というのもできあがりは、底の部分の飯が黄金色に色づいていて(うっすらおこげ)、上のほうの飯はあくまでも純白で、しかもすべてがほどよくふっくらとしていてかつ歯ごたえがありひと粒ひと粒がサラサラとしていなければならない――というのである。とくに底面の黄金色が重要で、それが茶褐色(ほんものおこげ)になってしまっては失敗、というのだ。

これがチェロで、このチェロをつくる途中の、深鍋に洗ったコメを入れる段階で肉だとか豆だとかその他の具を、コメのあいだに層をなすように入れて炊いたのがポロ(つまり

〝ピラフ〟のこと）というようだが、チェロとポロの区別は粥と雑炊のようなものらしく、一〇年ほど前に私がイスファハンのめし屋で食べたのはごはんのあいだに羊の肉と骨髄が入った一品だったがたしかチェロ・ケバブといっていたような記憶がある。

9　和風焼きブタ

日本のある料理研究家の書いたクッキング・ブックを読んでいたら、非常に興味深い記述に遭遇した。焼きブタのつくりかた、というところで、あらましこんなふうに説明しているのだ。

豚肉の塊りを鍋に入れてヒタヒタの水をかぶせ、中火で約一時間煮る（茹でる）。

そのうちに煮つまってきて水気がなくなり、やがて豚肉は焦げつきはじめる。豚肉から溶け出た脂肪が透明な油となって、じいじいと音を立てて肉に焦げめをつけ、同時に鍋底の全体も焦げつきはじめる。注意しながら、キツネ色の焦げつきが鍋のふちまでまわってくるのを待つ。その後、余った油を切り、そこへカップ半杯くらいの湯を注ぎ、煮たたせながら香ばしい肉汁を全体にからめるようにしながら煮切ってしまう。再び煮汁がなくなったらそこへ塩、砂糖、醤油等の調味料を入れ、ちょっと火を強めて煮立たせてから、火を止める。

読んでいるだけで香ばしい匂いが鼻をくすぐり、ツバさえ出てきそうになる。まったくこの焼きブタはおいしそうだ。

が、この料理は、先祖であるところの中国の焼豚とは、全然別の料理である。

焼きブタの本家、中国のチャウシューは、いうまでもなくローストの方法でつくられる、焼きもの料理である。豚の肉を、音叉のようなかたちの二股のフォークのごときものに刺してカマドの中でローストすることから、叉焼（チャウシュー）と呼ばれるわけだ。

これが、ロースト肉料理の伝統を持たない日本人がやると、実質的には茹でブタとか煮ブタとか呼ぶほうがふさわしい料理に変換するのだが、しかし最後のところで豚を自分の油で焦げつかせて、いちおう〝焼いた〟感じを出すことに成功するのである。このあたりの日本人の独創的イミテーション能力は素晴らしいと思う。

焼くという言葉はたいへん曖昧で、私たちは炒める（油を使う）ときでも焼くといってあやしまない（豚肉の生姜焼きその他）し、中国では炒め煮のことを「焼」と呼んでいる（紅焼魚翅――フカヒレ煮込み等）。おそらくそれは、焼く、という言葉が、広い意味での〝調理する、火熱を加える〟といったニュアンスで用いられているからのようで、そのために炒め煮料理の多い中国ではそれが「焼」になり、直火で魚を焼くことが多く油を使うことが少なかった日本では炒めることさえ焼くというようになってしまったのではないかと推測するけれども、本書では〝焼く〟というのは、油も水も介在させないで火熱を加える料理法に限る、としておこう。

それでは〝焦げる〟というのはどういうことかといえば、要するに加熱によって物体の表面が黒っぽく変色することだ。

焼く——つまり直火で焙る——とき、加熱度が一定の限度を超えると火にかざした物体の表面に〝焦げめ〟がつく。

また水でものを煮る場合、長いこと加熱しているうちに水分がしだいに少なくなり、最後はほとんど鍋底が乾いてしまって中のものは〝焦げつく〟ことになる。同様に油でものを炒める場合でも、油が少ないとものは鍋底に貼りついて〝焦げ〟くさい匂いと煙を発しはじめる。

このように〝焦げる〟という言葉は、変色を強調したニュアンスが強いが、料理法としての〝焦がす〟は、

「水や油の介在度を極端に少なくしたドライな加熱法の一種」

と定義してもいいだろう。その意味では〝焼く〟に無限に近い。

鍋をガスの火にかける。

水も油も一滴も入れない。乾いた布でよく拭いた鍋を、火にかける。

その鍋の中に、紙を一枚、落す。

するとモウモウと煙が上がり、鍋は赤熱しはじめ、紙は焦げていく。

ふつうはなかなか発火点には達しないので炎こそ上げないものの、その紙は直火で焙ったのとまったく同じような焦げかたになる。発火点に達してしまえば紙は炎を上げて〝直火焼き〟となるが、達しないかぎりは、あくまでも紙と火のあいだには一枚の金属板（鍋底）が介在しているので、直火焼きではないけれども、それでも紙は〝焼ける〟。その状態は無限に直火焼きに近い。それも、紙と火のあいだには空気がほとんどといっていいほど介在していない点で、火のすぐそばにまで近づけて焼く直火焼きに近い。

ところでこれを紙でなく、ベーコンでやったらどうだろうか。

熱した、乾いた鍋にベーコンを入れる。

するとはじめは少し煙が立つが、すぐにベーコンの脂肪が溶け出し、鍋の底に油がたまりはじめて、結局ベーコンは自分の油で自分を炒めることになる。そのうちに油はどんどんふえはじめ、ベーコンはますます身を縮め、結局彼はカリカリの〝揚げもの〟になる。身から出た油で身を滅ぼすのである。

こうしてベーコンの姿が変化していくさまを眺めていると、（順序は逆になるが）油が充分に多量の場合には〝揚げる〟、それほど多くはなくても物体と鍋のあいだに充分に油が介在していれば〝炒める〟、それがどんどん少なくなれば、私たちがふつう〝煎る〟と呼んでいる状態になることがわかる。そこからさらに進んで物体の表面が黒くなり、煙を発しはじめたら、〝焦がす〟ことになるわけだ。

では、ほうろくで豆を煎る場合はどうだろう。

ほうろくでなくて鍋でもいいが（鍋はいたむし煙が出るが）乾いた豆は、コロコロころがりながら表面が少しずつ焦げていく。ほんのほんの少し、豆から、目に見えないほどの油が出て、それが潤滑剤になっているのかもしれないが、まずはまったく乾いた加熱法である。

それではその乾いた鍋に、一把《わ》のホウレン草を放りこんでみたらどうだろう。

洗ったときの水気を切って、他に水を加えず鍋にホウレン草を入れる。

しかし、加熱されるとホウレン草はすぐに体内に含んでいた水を吐き出し、乾く肌を少しでも潤おそうと懸命になる。ところが焼け石に水とはこのことで、努力も空しく吐き出した水分はすぐに蒸発してしまい、結局は心が乾いて身を焦がし、こうしてホウレン草の〝から煎り〟ができる。

「煎」という字は、もとは〝鉄板の上にきちんと並べて焼く〟意だそうだが、〝煎る〟という日本語は、鍋に入れたものを水分がなくなるまで加熱すること、また、ほんの少量の油だけを用いて乾いた状態に近いかたちで加熱すること、さらに、水分も油もまったくなくても平気な豆などの場合にははじめからなにも加えない乾いた状態で加熱すること、を指すものと解釈することができる。煎るという料理法の精神は、なるべく水や油を遠ざけた乾いた状態で、空気の働きさえ介入させず、板を一枚隔てただけでひたすら火の営みを肌に感じようとするドライな精神である。

それでは、ホウレン草がせっかくない水をしぼり出してわが身を救おうとしているその心根がけなげだからという、ウェットな精神を発揮して、乾いた鍋にホウレン草を放りこんだあとすぐに鍋にフタをしたらどうなるか。——彼女は（ホウレン草のことだ）、暗く熱い部屋の中で、肌を汗にまみらせながらのたうちまわって苦しむが、そのうちに熱い蒸気が肌を刺す刺戟が快感に変わっていき、ついにはエクスタシーの中で昇天するのである。こうしてホウレン草の蒸し焼きができあがる。

実際に試みてみると、たしかに、焦げめなどどこにもない、さっぱりと蒸しあがった、食べることのできる一品になる。アクが抜けないから、少々ホロ苦いが、若いホウレン草ならそのまま充分に食べることができる。ホウレン草のかわりに春菊をこの方法で調理すると、あの独特の風味がほどよく強調されて、水で茹でるよりもずっと個性的でおいしいものだ。

10　ウム

乾いた鍋に入れても、フタをしてしまうと、材料から出た水分が蒸気となって閉ざされた空間を満たし、結局は水分が介在したウェットな調理法を用いるのと同じことになってしまう。ただ、材料から出る水分だけでは液体をたたえるほどにはならず、出たそばから水蒸気になってしまうから、この料理は煮もの（茹でもの）ではなくて蒸しものということになるだろう。

この種の、いわば〝自家蒸し〟とでもいうべき料理法は、あるいはもっとも古い技法のひとつかもしれない。

川で魚を獲り、それを草の葉ですっぽりと包んで、木のツルで巻いて止め、たき火の横のところに置いておく。ついでに木の上にハチの巣をみつけたら、ミツはそのままなめちゃうとして、ハチノコ（幼虫）を集めて、同じように草の葉に包んでたき火にくべる。しばらくすると、おいしい魚の蒸し焼きとハチノコの蒸し焼きができあがっている。特別な道具などひとつもいらない。草の葉は使い捨て。徒手空拳でできる料理である。しかも材料の持ち味を損わず、栄養も身の内に含まれて流出せず、その上に草の香りなどほんのりとついて、まったく素敵な料理ではないか。土器のツボさえ持たぬ原始の人々も、こんなおいしい料理を知っていたのだ。

南太平洋の島々にいまも伝わるウム（呼び名は島によって多少異なるが）という料理は、それを少々大がかりにしたものである。

地面に大きな穴を掘る。

その穴の中へ、たき火にくべて熱くした大きな焼け石をどんどん放りこむ。そして焼け石の上にイモなどをのせ、さらにその上に、大きな草の葉にすっぽり包んだ魚や海老や豚肉をのせ（ヤシの実の脂肪分を削り潰して水に溶いたもの――ココナツ・ミルク――で味をつけておく）、のせ終ったら上からバナナの葉で覆い、土をかぶせて、トロリトロリと蒸し焼きにするのである。

これも、派手で大がかりで豪勢なわりに、特別な調理器具のいらないきわめてシンプルな料理法だ。

特別な器具のないころには、直火にかざして焙る（焼く）か、草の葉に包んで蒸すかするのがおもな料理法であっただろう。しかし、直火で焼くと、水分は蒸発し、油は流れ落ち、無駄ばかり出るうえに肉は小さくなってしまう。それにくらべると蒸しものは経済的だ。だから、直火焼きは贅沢でハレ（特別の機会）のごちそうであり、蒸しものはケ（日常）のお惣菜であっただろう。そのうちに、水を漏らさずに溜めることのできる容器を人々が手にするようになると、より効率的で、汁も余さずに飲むことのできる煮もの料理が、しだいに蒸しものにとってかわっていっただろう。

もちろん煮ものが一般的になってからも、蒸すという技法は生き残り（ヨーロッパでは生き残らなかったが）、〝自家蒸し〟ではなく別の水源から蒸気を発して材料を熱気浴させるという、サウナ風呂式料理法が（とくに中国で）開発されたわけだけれども、世界的にみれば煮ものにくらべると劣勢であることは否めない。

蒸すのと煮るのとどこが違うかといえば、水蒸気の中で加熱するか水の中で加熱するかの違いということになる。水蒸気と水がどう違うのかというと、どう違うのかよくわからないけれども、要するに水蒸気は水と空気の混合体ということなのだろう。あるいは、あまり物理的な表現ではないが、水蒸気は水の、世を忍ぶ仮の姿ともいえまいか。水蒸気はある瞬間から水に変化し、水はある瞬間から水蒸気に変化するのだから、つねにひとつのターニング・ポイントがあり、決してなだらかにうやむやに無段階に変化していく一体のものではないかもしれないけれども、料理の技法としては、〝煮る〟と〝蒸す〟とは非常に近しい関係にあるといえるだろう。

11　乞食鶏

煮るという技法は、蒸すというそれよりも効率的であるとはいえ、それを実行するためには鍋なりツボなり皮袋なり、なんらかのかたちの、液体を洩らさない容器がなければならなかった。もし旅から旅へとさすらうのが暮らしの日常であるとしたならば、たえず携行しなければならない容器は、手の荷物であるばかりでなく心の重荷にもなったろう。同じルンペンだって、手鍋をさげているとなんとなく人生の敗残者に見えるが、身につけるもの以外に一物も所有していなければ、どことなく独立自由人の気概が漂ってくるではないか。

中国は江蘇省の常熟というところにひとりの乞食（中国語では叫化子と書くのだそうだ）がいた。その乞食が、ある日、一羽の鶏を盗んできたが、道具もなにもないので調理法に困り、しかたなく、そのまま泥を塗りつけて焚き火にくべて焼いた（一説によると、人が通りかかったのであわてて焚き火の灰の中に隠したのだ、ともいう）。しばらくして鶏を取り出し、まわりの泥をこそげ落すと、鶏の羽根も泥といっしょにきれいに抜け、たちこめる芳香の中からしっとりと焼き上がった鶏があらわれた。

この鶏があまりに美味だったので、話を伝え聞いた多くの料理人が真似をするようになり、鶏の粘土包み蒸し焼きは叫化鶏（乞食鶏）と呼ばれて有名な料理となった。

という、話がある。

現在では、童鶏（ヒナドリ）の内臓を抜いてそこへネギなどを炒めたものを詰め、調味料を鶏の全身にすりこんで、脚を切り落し、首を折りまげて全体を丸めて豚の網脂（内臓についている薄い膜のような脂肪）で包み、その上を竹の皮で包み、さらにその上を大きいハスの葉で包み、それを麻ナワできっちりしばり、その上に、厚さ二・四センチくらいにまんべんなく粘土を塗りつけて、ダチョウのタマゴのようになった巨大な泥球を炭火にくべて（あるいはオーブンで）焼く……というようなスタイルでつくるそうだ。

この料理を創作したのが江蘇省の乞食であるかどうか、作り話のうまい中国人のことだから、乞食鶏はマユツバ鶏かもしれないが、無一物の乞食なら当然考えついた方法であるといえないこともない。

英国スタッフォードシャーの陶器工場の職人たちは、川で獲った魚や近所でつかまえた野鳥を、使い残りの粘土でくるんでカマに入れて蒸し焼きをつくって食べた、という。産業革命直後の、貧しい労働者が厳しい重労働を強いられていた時代の話で、このことを知った親方は、新しい粘土を焼いて使い捨てにするのはもったいない、と文句をいった。そこで職人たちは一計を案じて何度も使える魚の形と野鳥の形をした二枚の焼きものの容器をつくり、それにピッチリとフタをして焼くことにした、という記録もある。

陶器工場であったから、たまたまうまい具合に適当な粘土があったわけだけれども、基本的には、あのアタマのいい乞食のように、土器がなければあたりの泥で〝土器〟をつくってしまえばいいのである。大量の水を入れて煮るわけではないのだから、水分が滲み出したり洩れたりしたってたいした事故にはならない。材料をすきまなく覆ってさえおけば、材料は自分で体内の水分を吐き出すが容器の泥自身も湿っているから材料の水分は吸われてしまうことなく、蒸気となってみずからのからだをうるおす。壁との間にはほとんどすきまがないから、一滴の水分さえ無駄にならない。

この料理法は、おそらくかつては世界の各地で多かれ少なかれおこなわれた、原始的で合理的なテクニックであろうと思われる。

道具がなければ、それなりに工夫すればよいのである。無一物でも、天然自然のめぐみの中に身を置いていれば、いつでもおいしいものが食べられる。

草の葉があればそれに包んで蒸し焼きにする。

粘土があればそれにくるんで蒸し焼きにする。

大がかりにやりたければ、地面にデッカイ穴ぼこを掘って、即席のカマドをつくって材料をくべ、上から土をかけて蒸し焼きにしてしまえばよい。――この〝ウム〟方式の料理法は、乞食鶏のやりかたを、ちょいと大きなスケールで再現しているのだといっていいだろう。地面に穴を掘り、上から土をかぶせて焼くのだから、土の容器に包んで焼いている点に変わりはない。

もしも身に無一物で料理の道具がなければ、太陽から降り注ぐ光を火の源と見立てたように、地球全体をひとつの土鍋だと考えればよいのである。

Ⅵ

料理の構造——または料理の四面体について

1　ポーチド・エッグ

すでに方法論については充分な理解が得られたことと思うが、私はしつこいので、もうひとつだけ実例を挙げておきたい。まあ、結論に至る前のウォーミング・アップといったところだ。

アメリカや、アメリカの流儀を採用している日本その他の国の高級なホテルでは、朝、食堂へ降りていくと、まずジュースかなんか飲まされて、それから、

「タマゴはどうしますか」

ときかれることがあるということは、

「目玉焼き」

のところで書いたが、これでウォーミング・アップをしようと思う。

(1)　フライド・エッグ（目玉焼き）
(2)　スクランブルド・エッグ（炒《い》りタマゴ）
(3)　ポーチド・エッグ（落しタマゴ）

(4)　ボイルド・エッグ（茹でタマゴ）

(5)　オムレツ（玉子焼き）

メニューには五種類のタマゴ料理が並んでいる。

タマゴはいろいろに変身するものだ。

しかし、これらは本当に、五種類の異なった料理法によってつくられた互いに異なる五種類の料理なのであろうか。

たとえば、ボイルド・エッグとポーチド・エッグの関係を考えてみよう。

ボイルド・エッグは茹でタマゴである。これは生タマゴを殻ごと湯の中に入れて茹でる（煮る）料理。三分茹でたのとか八分茹でたのとか、半熟とかハード・ボイルドとか程度は異なっても、茹でタマゴである点に変わりはない。

ポーチド・エッグというのは、タマゴの殻を割って、中身だけを湯の中に落して茹でる（煮る）料理。

両者の相違は、タマゴの殻を割ってから火熱を加えるか、殻をつけたまま火熱を加えてあとで殻をとるかの違いである。水を媒介にして加熱する点は同じだ。できあがりの見てくれは相当に異なるが、殻を外す、という作業が〝料理以前〟におこなわれるか〝料理以後〟におこなわれるかというだけの話であって（もちろんこの話も大事であることは承知しているけれども）、〝料理〟の本体——火熱を加える——には直接かかわりがない。両者の料理法はあくまでも〝茹でる（煮る）〟ことであるから、このふたつは同じ料理、と分類しておこう。つまり両方とも茹でタマゴで、

ボイルド・エッグ＝殻つき茹でタマゴ

ポーチド・エッグ＝殻なし茹でタマゴ

ということになる。殻を剝いてから海老を茹でるか、殻ごと茹でてから殻を剝きながら食べるか、というのと同じことだ。

ただ、ポーチド・エッグといっても、ふつうのお湯にタマゴを割り落しただけではつくることができない。湯にタマゴの中身を落すと、ふつうは黄身も白身もグズグズに拡散してしまってまとまりがつかない。

まんなかの黄身をまわりの白身がうまく包んで、天使の羽衣のようなヒラヒラとした一体が形成されるためには、湯の中に少々の酢を入れておく必要がある。酢が蛋白質におよぼす凝固力を利用してつくるのである。

このことを知ると、やはり料理にはそういうア・プリオリな知識が必要なのだ（それを自分で発見しろといわれたってむずかしい）と考えたくもなるが、しかし、酢の入っていない湯の中にタマゴを割り落したとしても、それが食べられないわけではない。湯の中に拡散して泳いでいる殻なしタマゴを、そのお湯ごとスプーンですくって食べればいいではないか。それはたしかに〝ポーチド・エッグ〟としては失敗だが、〝搔きタマゴ〟とか、

〝タマゴとじ〟と呼んでもいい、姿は異なるが同じ本質を持った料理なのだから。うすい醤油味の出し汁にタマゴを溶き入れ、軽く葛を張ったあんかけが、かきたま（掻き玉）である。うどんにそれをかければかきたまうどん、またはタマゴとじ。ポーチド・エッグにしようと思って白湯《さゆ》にタマゴの中身を落してできたものは、さしずめプレーン・カキタマ、といったところだ。

むしろこの〝失敗〟は、料理のレパートリーをふやす契機となる。

この経験は、それまでボイルド・エッグにしろポーチド・エッグにしろ、湯の中で茹でたタマゴだけを食べ、その湯のほうは捨てることしか考えていなかったのが、崩れてタマゴが拡散してしまったら汁ごと食べてしまえばいいという、新しい食べかたを教えてくれる。そこに気がつくと、あとは、それでは汁（スープ）をいろいろなものにかえれば、いろいろなタマゴ料理ができるはずだ、と考えるようになるだろう。とすれば殻つきのまま茹でる場合だって、醤油味で煮れば醤油の味が滲みこむだろうし、鶏スープで煮ればもっと濃厚な味になるだろう。カレー汁の中で煮れば、色も香りも鮮やかなカレータマゴになるはずだ。そこまで考えれば、こんどはいったん白湯で茹でたタマゴの殻を剝いて、それを別のスープ（汁）に入れて煮たらもっと味がよく滲みるのではないか、といったことも思いつくかもしれない。いや、火を加えて煮なくても、ナマのまま醤油に漬けておけば醤油漬けができるし、泥に漬けておけば中国の皮蛋《ピータン》みたいなのができるんじゃないか。味噌に漬けておけば味噌漬けになるにきまってるが、殻ごと漬けたのと中身だけをガーゼかなにかに包んで漬けたのとではようすが違ってくるだろう、と、いろいろと想像力が展開し、ひとつ生タマゴをヌカミソに漬けてみようか、などといった、具体的な行動にあなたを駆りたてるようになる可能性もある。

はじめから

(3) ポーチド・エッグ

(4) ボイルド・エッグ

という二つの名を持つ料理を、二つの異なる料理だと思い込んでしまうと、この二つの料理は永遠に異なる二つの料理でしかない。

しかし、虚心坦懐によくよく観察していると、実はこの二つの料理はひとつもので、それがたまたま二つの姿に見えるにすぎないことがわかる。それがわかると、こんどはこの二つの料理から、二〇、三〇、五〇、六〇……と、どんどん新しい料理のレパートリーが湧き出してくるのである。その中にはもちろんアイデア倒れで食べられないものもあるだろうが、ちゃんと食べられるものもできるし、新しい料理を発見したつもりが実はクラシックな一品であったりすることもある(たとえば茶碗蒸しなどにもこの論理の延長線上でいつか遭遇するはずだ)。

さて次に、残りの三つを考えてみよう。

(1)　フライド・エッグ（目玉焼き）
(2)　スクランブルド・エッグ（炒りタマゴ）
(5)　オムレツ（玉子焼き）

名前も見た目も違うがこの三つは同じ料理だ。

フライド・エッグはすでに一〇八頁で正しく翻訳したように、

「タマゴの姿炒め」

である。同様に、スクランブルド・エッグは、

「タマゴの崩し炒め」

オムレツは、

「タマゴの崩し炒め固《かた》め」

であって、いずれも、

「殻なしタマゴの油炒め」

というひとつの料理が、異なった衣装をまとって立ちあらわれたものである。タマゴの身を崩さないように炒めれば目玉焼き、身を崩してグチャグチャにかきまわしながら炒めてそのグチャグチャのままで出せば炒りタマゴ、グチャグチャの状態のままさらに加熱して全体を固形物にまとめてから出せば玉子焼きである。

実際、日本料理の〝だしまき〟ときくと、柔らかいタマゴにたっぷりと出し汁を含んだ、

いまにも崩れそうで崩れない、いかにも作りかたがむずかしい特別な玉子焼きのようについ思いがちだけれども、なに、あれはスクランブルド・エッグの固まったやつなのだ、と悟ってしまえばだれにも簡単にできてしまう。タマゴを溶いてそこへたっぷりと出し汁を加え、醬油と酒と砂糖で適当に味をつけてよくかきまぜ、それを、油を引いた鍋にジャーッとあけ、スクランブルド・エッグをつくる要領で滅茶苦茶にかきまわす。かきまわしていると、しだいに底のほうから一部のタマゴが凝固しはじめ、黄色いヒラヒラした小さな塊りがふえてくる。しかしかまわずかきまわす。かまわずかきまわしていると、ますますヒラヒラがふえ、そのうちに鍋の全体がヒラヒラに占領されてきて、全体がヒラヒラとした黄色い半流動体となる。しかし、ふつうの玉子焼きだと、液体のすべてがタマゴであるから、たちまちのうちにヒラヒラは凝固して全体がひとつの固体に固まるのだが、出し汁がいっぱい入っているからこの場合はなかなか固まらない。固まらないで、ヒラヒラのままぐじゅぐじゅと汁がまわりで音を立てている。このまま食卓に出せば、

「殻なしタマゴの油炒め日本風《スクランブルド・エッグ・ジャパニーズ・スタイル》」

というやつだ。

しかしこのときに慌てず、おしゃもじでもへらでもスプーンでもいいから、なにかで全体を鍋の隅のほうに寄せ集め、軽く上から押す。と、またじくじくと汁が出ていっそう煮ものみたいな感じになるが、なおも手をゆるめずに押していると、鍋底の部分は少しずつ

固まってくる。そうしたら全体をぐずぐずと裏返し、また押して底面を焼く。これを繰り返していると、頼りないがおぼろげに全体がまとまってくる。ただしまだ玉子焼きの姿には遠い。しかしかまわずに、マナ板の上に巻き簀（のりまきを巻くスダレ）をひろげ、その上にふきんかガーゼかペーパータオルを置き、そこへ鍋の内容物をぐずぐずとあけてしまう。そしてガッチリと、のりまきのように巻いてしまうのである。

すると、余分な汁は外に排出され、こもった熱気でタマゴの内部の調理が完了し、しばらくしてスダレをひろげると、ちゃんと固まった〝だしまき〟ができている。包丁できれいに切って、器に盛って出すと、だれもが、こんなにダシがいっぱい入っていてこんなにきれいなかたちにできるなんて、と感嘆するにちがいない――もちろん現場さえ見せなければ。

出し汁の分量は、さして気にすることはない。量がすこしくらい多すぎても、液体はいつかは蒸発してくれるはずだ。この料理は、スクランブルド・エッグはそのまま加熱していればいつかは玉子焼きになるのだ、と思い込む、強固な信念によってのみ成功し得るのである。

こうして、合理的な分析の結果として得られた真の知識は、実践の場においても正しく機能するのだ。

2　豆腐のくんせい

さて、いよいよ結論に入ろう。

これまでのさまざまの体験から、われわれは、料理の一般原理に介入してくる基本要素が、次の四つのものであることをたしかめた。

(1)　火
(2)　空気
(3)　水
(4)　油

料理というプロセスは、これら四つの要素がたがいに複雑に絡みあって演じるドラマであるといえる。

まず火だが、火がなくてはそもそも料理が存立しないというくらいのもので、必要不可欠の要素である。ただし、火自身は他の三要素にあまねく平等に徳を施す元締めであって、火そのものが他の要素から独立して強くなったり弱くなったりしても、それだけでひとつの料理を独創することはない、と考えることにしよう。一見すると火そのものの強弱によってひとつの牛肉の塊りがビフテキとローストビーフと牛の干し肉（風に干してカチンカチンにした牛肉をカツオ節のように削ったものはスイスの名物だ）になる、というようにも見えるが、実はその間に介在する空気の量によって異なる結果が与えられたのだ、と考えるほうが射程が広いからだ。介在する空気がごく少なければグリル（近い直火焼き）、介在する空気の量が多ければロースト（遠い直火焼き）、それがもっともっと多ければ干物になるし、空気の質が少し異なればくんせいにもなる。

一次的な食品は、動物か植物かである（だろう）から、必ず水を含んでいる。だからそれをそのままなにかに包んで水分が逃げないようにして火を加えれば、蒸し焼きができる。水分が多くなれば、それは液体をかたちづくるだろう。その液体の量がふえていけば、蒸し焼きから蒸し煮、蒸し煮から煮もの（茹でもの）へと料理のかたちが変化していく。その水の中に、さまざまの種類の別の液体（酢とか醤油とかスープとか）を加えたり、液体に溶ける固体を加えれば、料理の味もまた異なっていくし、できあがりのようすも違ったものになる。

同じ液体でも、水と油は、水と油、といわれるほどにまったく性質が異なる。性質が異なったものが育てた料理は性質が異なるから、水と油は同じ液体ではあるが異なった独立要素と考えよう。油が少なければ煎りものになり、ふえていくにしたがって、炒めもの、

揚げものになる。このように、

(1) 火

という中心要素の営みを受けてそれに対応する、

(2) 空気

(3) 水

(4) 油

という三要素は、その量が変化していく過程で、さまざまに姿の異なる料理を生み出していく。

一方で、そうしたドラマを下からガッチリと支えるものとして、〝料理以前〟に登場して、しかも火と同じく必要不可欠な、ナマものの世界、がある。

以上のような認識から、料理の一般的原理を一目瞭然のかたちに示すために、私はここに、

「料理の四面体」

という基本モデルを呈示する。

というと気分が高揚してくるが、次頁にあるようなヘンな恰好のものだ。

四つの頂点を持った四面体。底面は三角形を形成している。その三角形の三つの頂点をそれぞれ、空気、水、油、と名づけ、そのひとつひとつと火とを結ぶ稜線が、それぞれ、

料理の四面体①

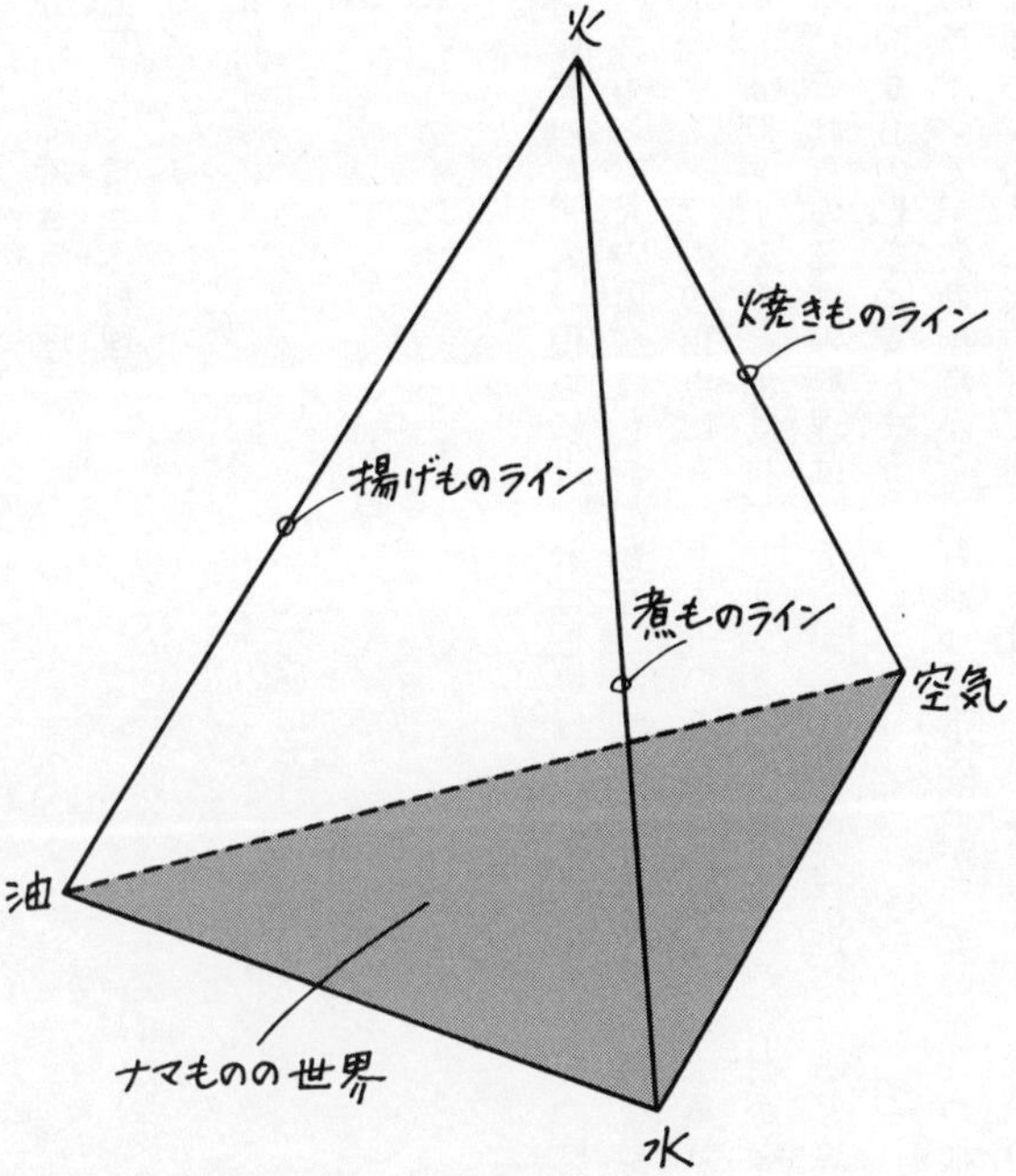
火
焼きものライン
揚げものライン
煮ものライン
空気
油
ナマものの世界
水

「火に空気の働きが介在してできる料理」

「火に水の働きが介在してできる料理」

「火に油の働きが介在してできる料理」

をあらわしている。

わかりやすくいえば、順に、

「焼きものライン」

「煮ものライン」

「揚げもの（炒めもの）ライン」

である。

それぞれのラインにおいて、火の頂点に近ければ近いほど、三要素の介在の度合は少ない。つまり、空気のラインで火の頂点にもっとも近いところは炎が肉を直接なめるような直火焼きであり、水のラインで火の頂点にもっとも近いところはほとんど水蒸気のないような蒸し焼きであり、油のラインのそれはハケでサッと鍋に油を引いたか引かないかといった煎りものである。これらの三種の料理は、そこからさらに火に近づけると焦げはじめ、結局は炎に包まれて同じものになってしまう。

逆に、それぞれのラインで、火の頂点から遠ざかって下へ下がっていくにつれ、それぞれの要素の介在度は増し、同時に火の直接的な影響はしだいに少なくなって、ついに底面に達すると同時に火の影響は途絶え、そこからは冷たいナマものの世界が広がってゆく。

これが、料理の四面体の読みとりかたである。

そしてこの料理の四面体こそが、世界にかつて存在した、いま存在する、これから存在するであろう、すべての料理を包括する一般的原理を、目に見えるかたちで表現したモデルなのである……といっても、信じてもらえないだろうか。

信じてもらえるかもらえないかはともかく、なにかひとつの材料を、この四面体のどこかの一点に置くと、ひとつの料理ができるのだ。そしてその点を移動させていくと、次々に新しい料理ができる。

一丁の豆腐を用意する。

豆腐は、水の中に入れて売っている（パックに入っている場合も水漬けになっている）から、はじめからAの位置にいると考えられる。

豆腐を水から取り出し、水を切ってから醤油と薬味をつけて（和えて——〝料理以前〟のサラダの原理）食べるのがご存知の、

「冷《ひ》や奴《やっこ》」

であるから、このナマもの料理はAとBとを結ぶ線上A′に位置することになるだろう。

水を張った器に入れて食卓に出せばAに重なるA′だし、完全に水を切って出せばBに重なるA′である。

料理の四面体②

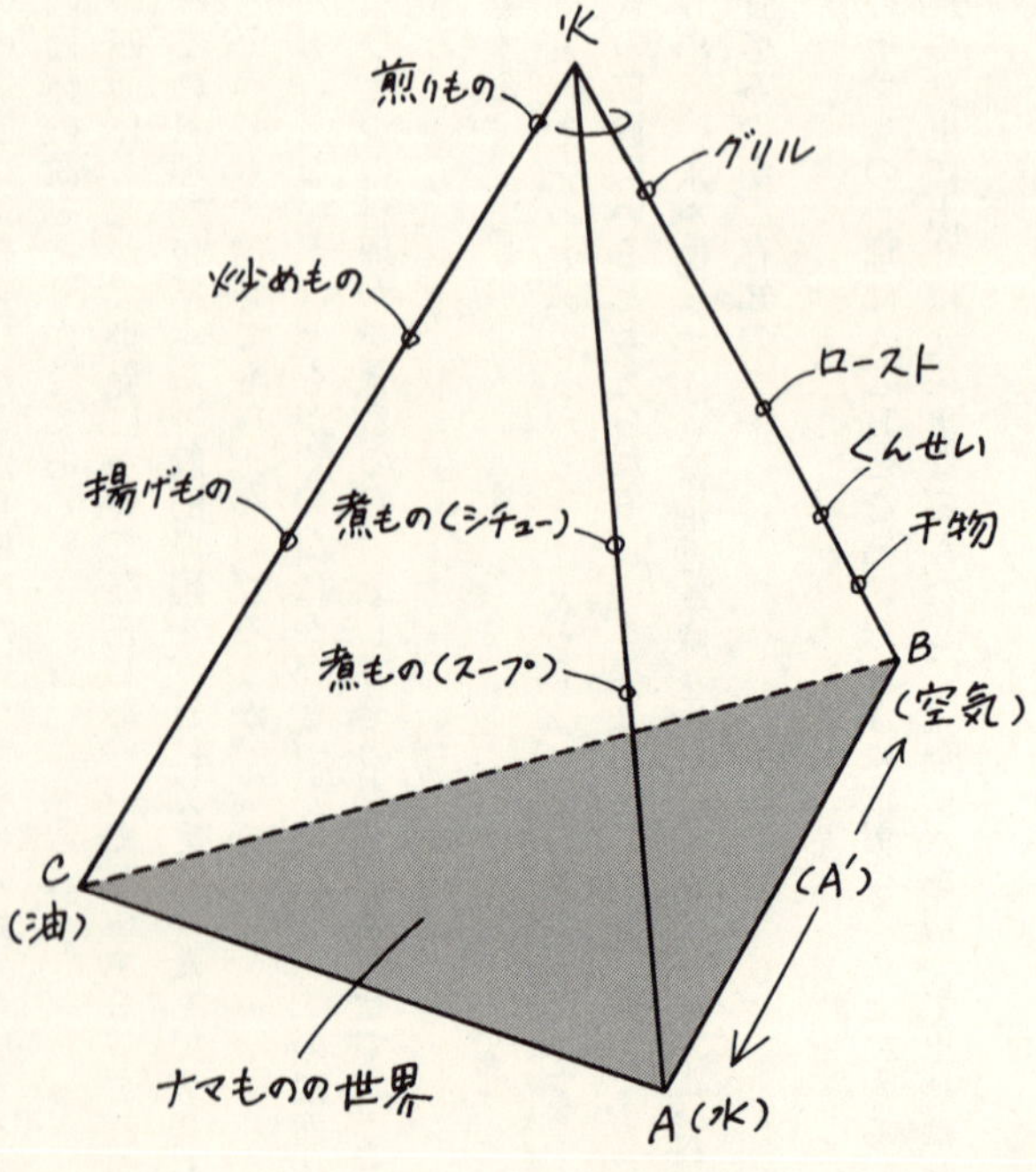

火
煎りもの
グリル
炒めもの
ロースト
くんせい
揚げもの
煮もの（シチュー）
干物
煮もの（スープ）
B
（空気）
C
（油）
（A′）
ナマものの世界
A（水）

水分を切った一丁の豆腐が皿の上にあるのはB点におけるふつうの姿であるが、これに〝時間〟というファクターを入れて考えれば、そのまま皿の上に放置して腐らせる（発酵させる）という方法もある。

腐ったものは、食べるとおなかをこわす場合と、おなかをこわさない場合がある。おなかをこわした場合は〝腐った〟といい、おなかをこわさなかった場合は〝発酵した〟という（胃袋のとくに丈夫な人にとっては腐敗という語が辞書にないこともあり得るが、この区別はごく一般的な人を基準とする）。

豆腐をうまく発酵させると、植物性のチーズの如きものができあがる。中国で食べている「腐乳」というやつがそれに近い。見たところ美しくない肌で、ネバネバしていてまったく腐った表情だが、そのまま酒のツマミにすると絶妙だし、潰して各種のタレに加えるとコクと深味を増して風味をひきたてる。発酵というと、時間のファクターのほかに、バクテリアの働きによっていささかの熱がプロセスに加わるのではないか、とも考えられるが、火熱を加えて調理したというわけではないから「腐乳」もB点に置いておいてよいだろう。もしも気になるのなら、B点からこころもち〝火〟の方向へ持ち上げて、焼きものラインのいちばん下のところにのせてやればよいのだ。また、いや発酵させるためには水分の存在も不可欠なのだからなんとかしてくれ、といわれたらB′点をもう少し〝水〟のほうに近づけてB″あたりに動かしてやればいいだろう。いや嫌気菌の無気呼吸による発酵の場合は空気は関係しないのではないか、という厳格主義者《リゴリスト》の意見をきけば、そのときはB″をA点（水）にずっと近づけ、あるいは気は心で煮ものラインのいちばん下に置くことも考えられる。

あまりそういうところにこだわっていると先に進まない。もっとおおらかに考えることにしよう。

ナマものの世界の残りの地域をサッと探険してしまおう。豆腐を、油に浸せば、

「豆腐の油漬け」

である（C点における豆腐＝C豆腐）。

しかしこのままでは食べにくいから、油の量を減らし、そのかわりに醤油をかけて食べることにする。醤油は、われわれの分類によれば広い意味での〝水〟の仲間であるから、この作業は四面体の上ではナマの豆腐をC点からA点に向かって移動する作業として表現される。Dあたりのところに置けば、冷奴に醤油と油（ラー油かなんかが適当だ）をかけて食べる一品ということになる。さらしネギと煎りゴマを添えて食べるとよろしい。

ついでに再びA点における豆腐を再検討すると、この姿はナマのまま醤油に漬けた醤油漬けだとか、味噌に漬けた味噌漬けなどもあらわしているし、体内の水分を凍結させてつくる凍《し》み豆腐（高野豆腐など）もあらわしていることになる（凍み豆腐は寒風にさらしてつくるものだから空気も影響している、と考えれば、例によって〝空気〟のほうへ位置を

料理の四面体③

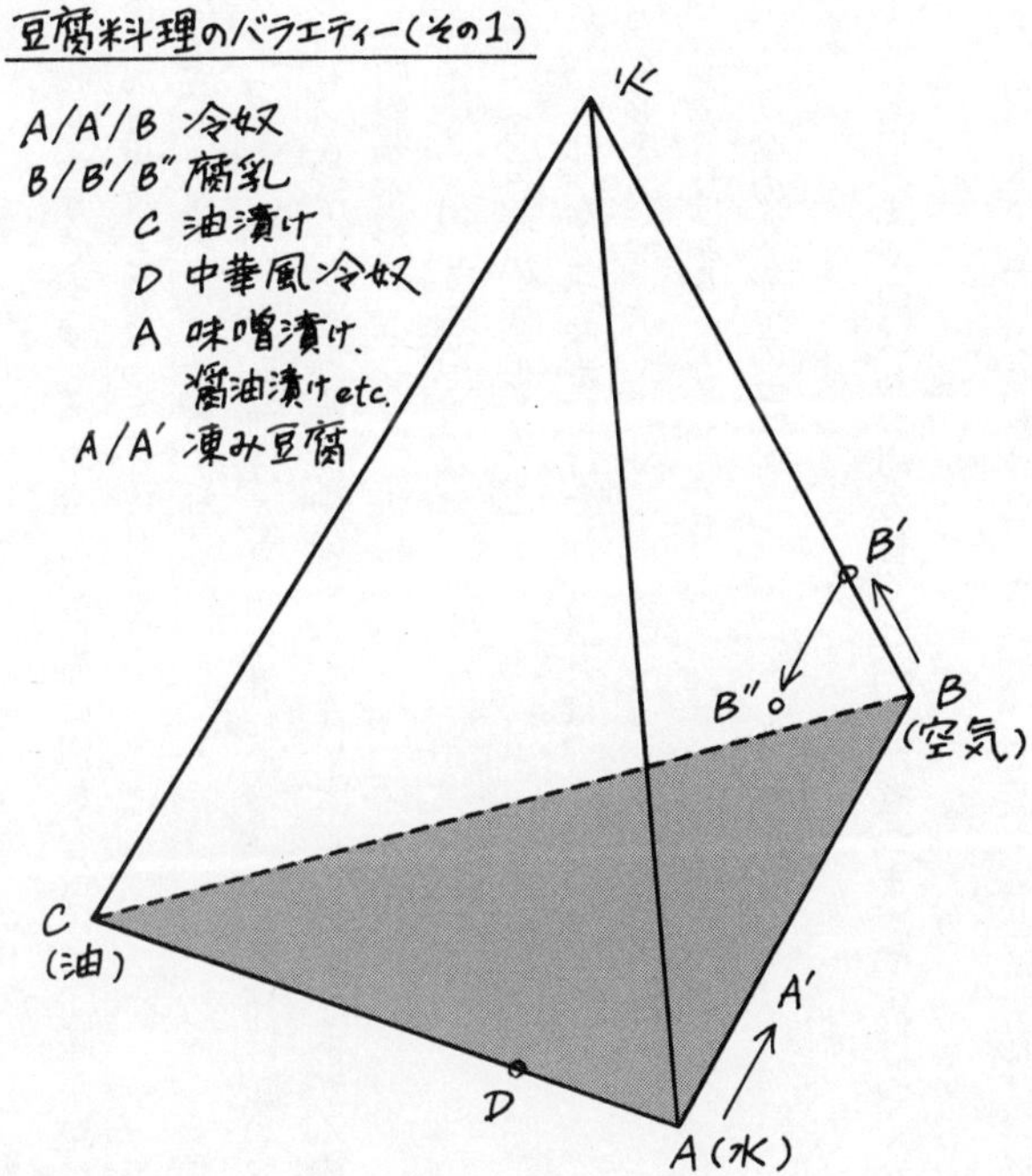
豆腐料理のバラエティー（その1）
A/A'/B 冷奴
B/B'/B" 腐乳
C 油漬け
D 中華風冷奴
A 味噌漬け、
醤油漬けetc.
A/A' 凍み豆腐
火
B'
B"
B
（空気）
C
（油）
A'
D
A（水）

寄せてやればよい)。

さて、そろそろこのあたりでナマものの冷たい世界に別れを告げて、暖かい〝火〟の支配する、料理の本体の世界へと旅立つことにしよう。

水の中に入れた冷奴の状態から、加熱する。

加熱するにしたがって、鍋の中の料理はA点から離れ、〝火〟の頂点に向かって徐々に煮ものラインをのぼりつめていく。その途中の、ほどよいところでできあがるのが、

「湯どうふ」(E豆腐の基本形)

だ。ただの水ではなく、出しと酒で煮れば、

「豆腐のすっぽん煮」(E豆腐の変形その一)

だし、醬油とだし、味醂などで味をつけた汁で煮れば、

「煮奴」(E豆腐の変形その二)

味噌汁の中でさっと煮ればそれは、

「豆腐の味噌汁」(E豆腐の変形その三)

ということになる。

豆腐がこのラインを頂点までのぼりつめて行くと、汁が煮つまって焦げつくから気をつけよう。

水で煮るのではなく、水に空気が混ざった〝水蒸気〟で蒸すことにすれば、豆腐は煮も

料理の四面体④

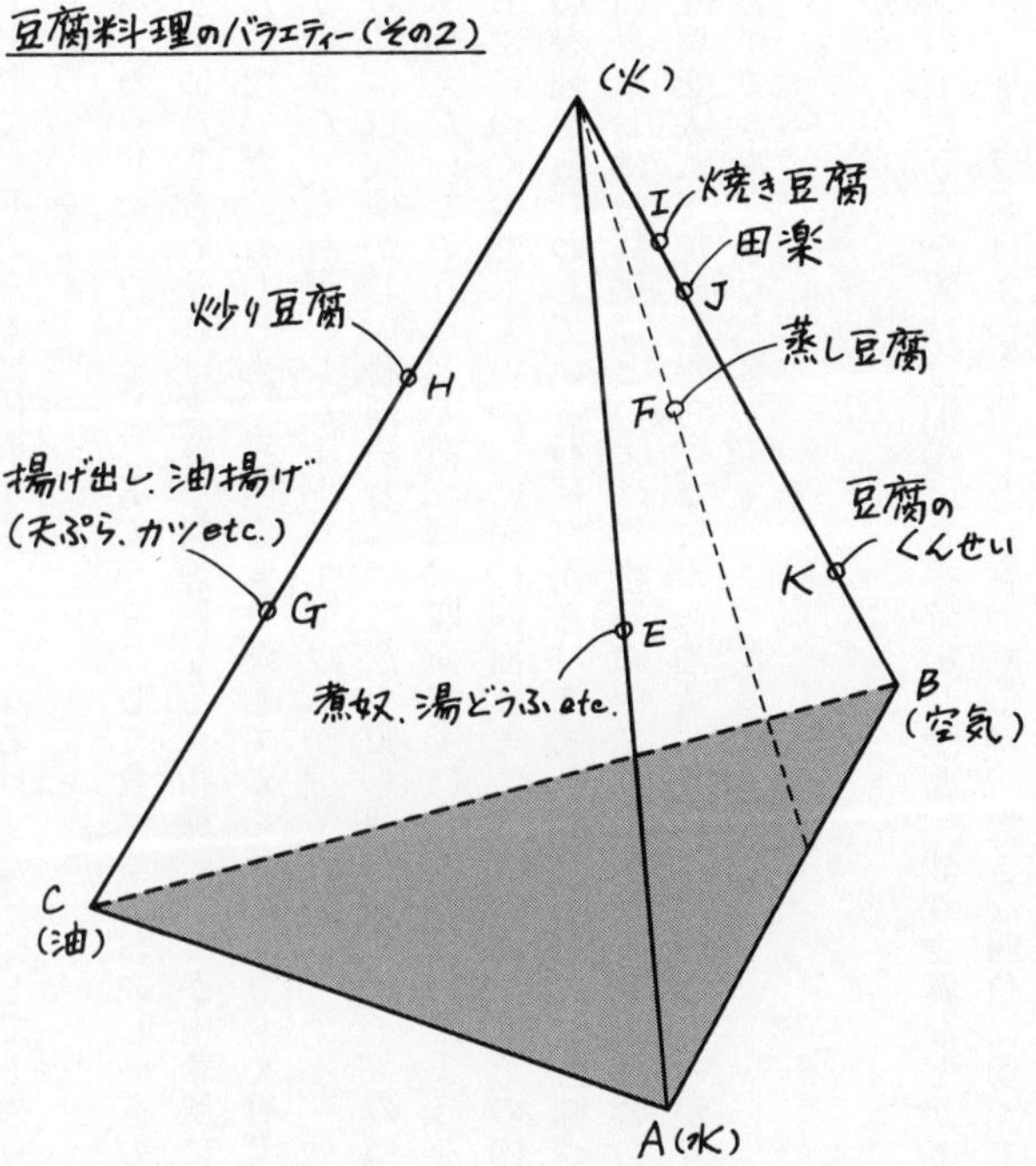
豆腐料理のバラエティー（その2）
（火）
I 焼き豆腐
田楽
J
炒り豆腐
H
蒸し豆腐
F
揚げ出し、油揚げ
（天ぷら、カツ etc.）
G
豆腐のくんせい
K
E
煮奴、湯どうふ etc.
B
（空気）
C
（油）
A（水）

のラインから少し外れて、Fあたりに位置することになるはずだ。そしてその豆腐は、「蒸し豆腐」（F豆腐）と名づけられるだろう。セイロで蒸し、あんかけにして食べるとおいしいものだし、他の肉や魚といっしょに蒸し合わせれば豪華な料理になる。和風にするか中華風にするかは調味料の使いかたしだいだ。もちろん、豆腐をすり潰してから魚のすり身や野菜を加えて蒸したりすればまた異なった料理のレパートリーがひろがっていく。

なお、蒸しものには古式ゆかしい料理法として敬意を表し、煮もののラインの傍系ではなく独立した地位を与えたいということであれば、四面体④に点線で描いたような〝蒸しものライン〟をあらたにつくってもよいが、結局は四面体のすべての面（とその内部）の点がさまざまな姿の料理をあらわしているわけだから、あまり線を引いても意味がない。四面体の内部の点における豆腐はといえば、容器の中で油と水と空気を混合したものをつくり、そこへ豆腐を入れて加熱したら、なにか〝油蒸し煮〟みたいなものができるだろうと想像することができる。もっとも、

「アブラムシ煮」

では食欲も湧かないが。

揚げものラインの上に豆腐を置けば油揚げや揚げ出し豆腐、炒り豆腐などができることはいうまでもない。炒り豆腐はふつう潰した豆腐でやるが、大きな四角に切って肉や野菜

といっしょに中華風に炒めても結構だ。炒めたり揚げたりするときに、潰すか（潰して揚げればがんもどき――飛竜頭）潰さないか、大きく切るか小さく切るか、そのままでいくか粉をつけるか衣をつけるかパン粉をつけるか等、あとの工夫はアイデア次第である。豆腐の天ぷら、豆腐のカツ、なんて、ちょっとオツなものかもしれない。焼きものラインの上に持ってくれれば焼き豆腐、田楽といったたぐいの料理ができるし、もっと火から離して、「豆腐のくんせい」（K豆腐）なんかつくってみたらどうだろう。

――と、駆け足で料理の四面体をひとめぐりしただけで、一丁の豆腐が変幻自在に化けて、あっというまに約二〇種類の豆腐料理があらわれた。みんな、はじめから四面体のどこかに隠れていたのを、私たちが発見してしまったのだ。

3　GI豆腐

この四面体は、一回使うだけではたいした数の料理は発見できないが、二回か三回繰り返して使うとさまざまな料理の姿が見えてくる。

たとえば豆腐をＧ点に持っていって、

「揚げ出し豆腐（または油揚げ）」（Ｇ豆腐）

をつくったとするだろう。

そうしたらこんどはその〝Ｇ豆腐〟を底面に持っていくのだ。つまり、いま〝ナマものの世界〟と名づけられている底面の三角形の板を取り払い、そこへＧ豆腐の板をはめこむのだ（あるいはＧ豆腐の状態を〝ナマもの《スタート地点》〟と見る、といってもいい）。そしてその底面から、あらたに旅のスタートを切る。そうすればＧ豆腐が四面体のあちこちに移動するたびに、

「ＧＥ豆腐（いったん揚げた豆腐を出し汁、スープ、醤油等の〝水〟で煮たもの）」

「ＧＩ豆腐（油揚げの網焼き）」

「ＧＦ豆腐（揚げ出し豆腐を蒸したもの）」

……など、次々にあらたな料理が立ちあらわれるであろう。この〝底面変換〟をさらに繰り返して、ＧＨＥ豆腐（油揚げの炒め煮）やＧＪＦ豆腐（厚揚げの田楽蒸し）はたまたＧＥＨＩ豆腐やＧＩＦＫ豆腐などをつくることもできるだろう（どんな料理になるかは各自想像すること）。

実は、最初に豆腐を冷や奴にしようかなどと考えたときに、すでに私たちはこの〝底面変換〟をやっていたのだ。豆腐屋さんから買ってきた豆腐を〝ナマもの〟として扱ってい

たのだから。

いうまでもなく、豆腐は、すでに調理済みの食品である。水に浸した大豆をひき潰してから煮て、その煮汁を濾して固めたものだ。潰すとか濾すとか固めるとか和えるといった、直接火熱に関係しない作業はこの〝料理〟の四面体にはあらわれないから、この工程は、四面体を眺めていると、A大豆が煮もののラインをのぼっていってE大豆になり、再び煮ものラインを下がっていって（冷めていって）A地点に戻る、といった動きに見えるだろう。しかしはじめのスタートは大豆であったが、一度旅に出て苦労をしてきた彼は、再び故郷に戻ってきたときには人あたりの柔らかい豆腐になっていたのである。

あるいはまた、豆腐をつくるときに使う大豆がカチンカチンに乾かされたものだとすれば、それは若く水々しい青年の時代に彼は一度Kの近く（干物の地点）へちょっと旅をした経験があったことを示している。

このように、ひとつの材料は、さまざまに四面体の旅を重ね、他の材料と出会いや別れのドラマを演じながら、いろいろな地点で〝料理〟をつくり出す。私たちは四面体を眺めていてそれを発見するのである。

料理の四面体⑤

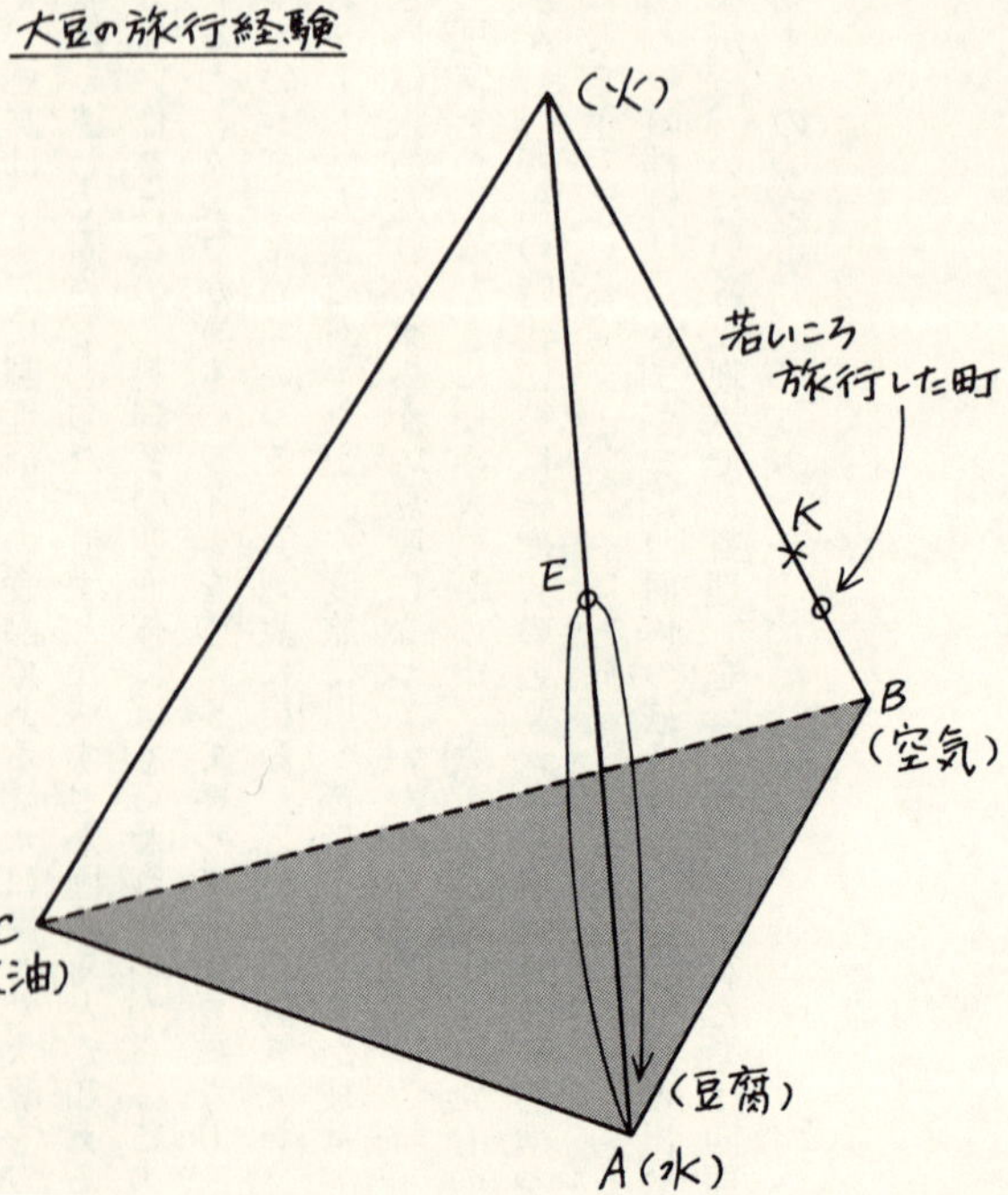

＊

実際の料理では、何種類もの食品を組み合わせてつくることが多いから、その成り立ちはなかなかに複雑である。しかし、手順のひとつひとつを見ていくと、結局は基本的なプロセスの積み重ねであることがわかる。

たとえば牛肉を焼いてワインソースをかけて食べるといった料理を例にとると、フライパンで焼く（炒める）とすれば、まず、

「H牛肉」

があり、焼いたあとの肉汁で刻みタマネギを炒めてからワインを注いでソースをつくるとすると、

「Hタマネギ」

をつくってからそこにワインを注いで、

「HEタマネギ」

にして、それを煮つめて（E点から火の頂点へ向かってのぼる）さっきのH牛肉にかける、という手順になる。

そして、最後の、ソースを肉にかける（和える）という作業は、火から離れて、食卓の

上か、その寸前でおこなわれるものだから、〝料理以後〟のプロセスである。

しかしここでまた例の〝底面変換〟の概念を援用すれば、できあがったステーキは〝ナマもの〟（そこから料理がスタートする状態）と見ることもできるだろう。たとえばいちど炒めた肉を煮る（リソレした肉をシチューにする）という場合のように。そう見てみると、〝料理以後〟はすなわち〝料理以前〟であり、ステーキにソースを和えているようすはサラダにドレッシングを和えているようすとまったく変わりがない、ということがわかるだろう。第Ⅳ章の〝ステーキ＝サラダ説〟も、四面体で見るとこうしてはっきりと確認される。

こんなふうに、ひとつの料理のつくりかたのはじめからおしまいまでを順にたどって要素に分解してみるのは、知的なゲームとしてもなかなかおもしろいし、料理のレパートリーを実際にふやすためのトレーニングにもなるだろう。

ヒマな読者は、ここでもう一度この本を最初から読み返していただくとありがたい。この本に出てくる料理のつくりかたのひとつひとつを、四面体の構造を頭に入れたうえで読み返せば、また違った読みかたができるかもしれないと思うからだ。この本に出てくる世界各地の料理のつくりかたは、〝一般的原理〟を引き出すための例証であると同時に、〝料理の四面体〟というモデルを具体的に演繹《えんえき》していくときの例題にもなっているつもりなのである。

4　バナナのフランベ

さてこれで、いちおう、結論を得た、としておこう。世の中の料理のすべては、四面体のどこかにあるのだから、あとはそれを発見できるかできないか、再現できるかできないかの話である。

いうまでもなく実際に料理をつくるときには、材料の選択、組合せ、下ごしらえ（洗う、切る、つぶすエトセトラ）、味つけ、和えかた、飾りかたなど、四面体にあらわれない部分の作業を具体的に知らなければならない。だから、一般的原理を四面体で知ったとしても、あしたからすぐにレストランのチーフ・コックになるわけにはいかない。しかし、いったんこの原理を知れば、そこから発想を展開していくうちに〝料理以前〟や〝料理以後〟はしだいにマスターすることができるだろう。枝葉に隠された根幹を探し当てるのは大変だが、根幹からスタートすれば幹から葉へとたどっていく作業は目をつぶっていてもできるのと同じはずだ。と、気楽に考えるのが成功の秘訣である。

料理の本を読むときには、まずそこに書かれているつくりかたの手順を、四面体の原理を頭におきながら、ひとつひとつ基本的プロセスに分解してしまう。そうしてその料理の根幹をつかんでおけば、好みに応じて不必要なプロセスを省略してみたり、指示されている調味料・香辛料を自己流に変えてみたり、といった末節の作業は記述にまどわされることなく、主体的におこなうことができるはずである。

＊

と、話が一段落したところで、そろそろデザートとすることにしようか。

きのう特売で買ったバナナが冷蔵庫の上のカゴの中にある。そうだ、あれを食べることにしよう。

皿を取り出し、その上にバナナを一本置く。

しかし——。

四面体を知ってしまったあとでは、そのまま食べてしまうのは、あまりにも芸がないような気がする。

皿の上のバナナに、とっておきのコニャックを少々振りかけて、マッチで火をつける。ぼっと炎があがり、青く妖しい光を放ってコニャックが燃える。……これは、

「バナナのフランベ」

とふつう呼ばれるデザートだ。燃えるのはコニャックだけで、その炎を肌に受けてバナナが熱くなり、香りを吸いこむ（瞬間的なグリルまたはローストといったところか）。しかしこれでもまだありきたりのような感じもする。

Eバナナにしてみようか。茹でバナナ。皮を剝いたバナナを熱湯で茹で、熱いうちにジャムを添えて食べる（ボイルド・バナナ――英国の料理の本に出ていた一品）。

それともGバナナがいいか。GはGでも、衣つきのGといこう。バナナの天ぷら。そうだ、バナナを天ぷらにして、上から砂糖をかけて、それをコニャックかラム酒でフランべしたらどうだろう（実に独創的のようだが、実はこの一品はフランスの中華料理屋でいちばん人気のあるデザートなのだ）。

それではいっそのこと、バナナを潰して、薄いせんべいみたいにして、それを焼くか炒めたりしたらどうだろう。

これもいいアイデアだが、東南アジアの屋台店ではよく見かける食べものだ。

しかし、このバナナせんべいを、たとえばバターで炒め、塩胡椒とレモンで食べる料理をつくれば、おそらくそれは世界に現存しない創作料理になるはずだ。あるいはバナナせんべいを、炒めたあと、出しと醬油で煮て大根おろしをつけて食べる。これも独創に違いない……。

＊

もちろん料理の可食範囲は、調理方法ばかりでなく、材料（調味料・スパイス等を含む）のレパートリーと、食べる人の味覚のレパートリーによって制限される。石ころは煮ても焼いても食えない。イナゴやハチの子は、ある人には食べられてもある人には食べられない。民族によっても個人によっても違う。ある人はニンニクをガリガリかじり唐辛子をムシャムシャと食うが、それを見ただけで気分を悪くする人もいる。というような、いろいろな問題がある。そのうえに、食べられる材料なんだがこんなふうに料理されたものはオレは食えない、ということもあって、四面体の原理を応用するとそこから無数の料理のレパートリーがひきだせることはたしかであるが、無数の料理ができるということと、そうしてできた料理がすべて食べられることとはおのずから別物である。が、たとえ人に嘲られようとののしられようと、みずからが中毒になろうとも、まあ他人を殺してしまってはいけないが、なにものも怖れず、予断もなく偏見もなく、虚心に限界に挑戦していくフロンティア精神が、結局は世界の美味を一身に味わう口福を呼びよせることにもつながるのである。

「新しい御馳走《ごちそう》の発見は人類の幸福にとって天体の発見以上のものである」

と、大食通ブリア＝サヴァランは言ったけれども、御馳走の数は天体の数に負けないほど多いのだ。中には発見といっても、コロンブスやその仲間が新大陸を発見した、というように、そこに住んでいる人はとっくの昔から知っていることをあとから知って発見だ発見だと騒いでいるようなケースもあるが、本当にいままでだれも知らなかった美味を発見する可能性も、まだまだ残されているはずだ。料理の四面体を望遠鏡として、美味発見の旅に出るのもまた一興ではないか。

参考文献そのほかについて

本書に書いてある料理のつくりかた等は、現地で目撃したり人にきいた話をもとに自己流に再現するときのやりかたを書いたケースが多いが、あやふやな点はいちおう手もとにあった料理の本にあたって確認した。その際に利用した本を、他のデータを検索するために直接参照した書物とともに左に掲げておく（著訳者名アルファベット順）。

Bocuse. P., La Cuisine du Marché, 1976.
Boyd. L., British Cookery, 1977.
陳建民ほか『中国料理技術入門』柴田書店・一九七八年
陳舜臣ほか『美味方丈記』毎日新聞社・一九七三年
ジョン・ヂンシクほか『朝鮮料理』柴田書店・一九七九年
Johnston. T., The Home Book of Viennese Cookery. 1977.
Mazda. M., In a Pesian Kitchen, 1978.

Montagné. P., Nouveau Larousse Gastronomique, 1960.
中山時子訳『中国名菜譜東方篇』柴田書店・一九七六年
Quennell. M. & C. H. B., A History of Everyday things in England III, 1958.
篠田統『中国食物史の研究』八坂書房・一九七八年
篠田統『中国食物史』柴田書店・一九七八年
Stan. A., The Romanian Cook Book, 1969.
辻調理師学校日本料理研究室『日本料理便覧』評論社・一九七四年
辻嘉一『御飯と味噌汁』婦人画報社・一九七五年
Vié. B. & Bosia. L., Les Salades en 10 Leçons, 1978.

「なお、料理の四面体という奇妙なアイデアじたいは、フランスの人類学者クロード・レヴィ＝ストロースの著書に多くのものを負っていることをここに記しておきたい」

なんて書くとカッコイイので、カッコをつけて書いておこう。

レヴィ＝ストロースは、ご存知のように、構造主義哲学の鼻祖とも目される二〇世紀の大学者で、学生のときに何冊か彼の本を読んだことがある。難しい内容なのでよくわからなかったが、そのなかに、〝料理の三角形〟なる言葉が出てきたことだけは覚えている。

〝料理の三角形〟というのは、たしか、ナマのものと、火にかけたもの（直火で焼いたもの／容器に入れて煮たもの）、腐ったもの、というように料理の形態を対比させ、それをもとにしてさまざまの議論を展開していくものだったような気がする。どうもその本体のほうははっきり記憶にないが、〝料理の三角形〟という言葉が印象深く感じられたのと、そのときに、もっと実用的な料理法の分類のしかたがあるんじゃないか、と思ったことを、よく覚えているのである。これが〝料理の四面体〟などということを考えることになった直接の契機といえばいえないこともない。

この本の表紙カヴァーに描かれているマンボウ（表）とトラフグのごとき魚（裏　註＝文庫版カバーでは使用していません）の絵も、このことにちょっぴり関係がある。

これはイギリスの生物学者ダーシー・ウェントワース・トムソンの説なのだが、簡単にいうと、トラフグの背と腹のヒレあたりを上下にビヨーンと引っ張ると、必然的に前後は寸づまりとなり、マンボウのような恰好になる、というのである。つまり、一見全然関係のない両者の形態の間には、実は一定の変形の方程式があって、マンボウとトラフグは同一の原型が異なった形態として眼前にあらわれているにすぎない、ということにもなる。

この説は構造主義的な考えかたを示す例としてレヴィ＝ストロースも取り上げているのだが、それはともかく、トラフグはもちろん、マンボウも身はフワフワとして、内臓はシャキシャキとして、酢味噌などで食べる刺身はなかなかおいしいので、本書の表紙カヴァーを飾るにふさわしいのではないかと思う。

解　説

日高良実

二〇〇九年十一月のとある日、大阪へ出張中、店の広報担当より一通のメールが送られてきた。玉村豊男さんの『料理の四面体』が中公文庫で刊行されることになり、編集部から解説依頼が届いている、玉村さんから直々の依頼でもあるが、どうお返事をしましょうか？　と書かれていた。

「料理の四面体」という一風変わったタイトルを、私は強烈に覚えていたのだった。三十年前、大阪の調理師学校を卒業したばかりの私は、書店の料理書コーナーに平積みされていたその本を偶然見つけた。そのときの映像が目の前に鮮やかに甦ってきた。

二十代前半の私は、まずなにより、「ヘンなタイトルやなあ～」と思って本を手にとった。そしてその書を開くと、世界各国の料理を例に、料理方法の分析をしている変わった料理書に見えた。当時はそれを読んで、「そんな分析してどないなるんや。そんな必要があるんかな?」と不思議に思った。そもそも料理の世界の人間は、料理を図形にして考えるということがない。料理を勉強し始めた頃は、先輩たちから料理を教わっていくわけだが、その過程では決して出てこない考え方だと思った。その奇想天外な発想に、「料理に対してこういう考え方もあるのか、よくこんなことを思いついたものだ」と驚いた。それと同時に、「おもろいんやけど、だからそれで何なんやろう」という不思議な印象が残った。

その何年か後、またしても印象的な出会いがあった。イタリアで料理の修業中、せっかくの機会なのでフランスにも足を伸ばし、バカンスで留守にしている友人のパリのアパルトマンに三週間ほど滞在したことがあった。そのときに持っていった本のなかに、玉村さんの『パリ・旅の雑学ノート』があった。その本を手にパリを歩いていると、通りの向こうからまさにその本の著者である玉村さんが歩いてこられたのだ。通りには幾人かの人がいたはずだが、私の目には玉村さんの姿がぱっと飛び込んできた。そのときの感動を思い出すと、いまだにぞくぞくする。

その後、何十年かの時が経ち、めぐりめぐってこの本の解説を依頼されることになるとは、いったい誰が想像できただろうか。本書のことはいつも心にあって、「シェフのお薦めの本」を紹介する機会などがあると取り上げていたのだが、なかなか読み返すタイミングがなかった。この解説を書くにあたり、本書を数回、いやそれ以上読み直してみた。すると三十年の時を超え、料理人としての経験を積むことで、以前には感じ得なかった「料理の四面体」のおもしろさや玉村さんの料理への深い造詣がひしひしと伝わってきた。二十代の料理人ではわかり得なかった料理への想いが、ページをめくるたびに本の中からだけではなく、私自身の料理へのスタンスとして湧き上がってくる興奮を覚えたのであった。

　動物は本能に従い、生きていくために「喰《くら》う」。人はさまざまな知恵と興味をはたらかせて「食《く》う」。その違いは、「火を使うこと」にはじまる。ウィルスやバクテリアから発生した生命体は、海中の魚へと進化し、陸に上がり、昆虫や鳥、様々な小動物、哺乳類へと進化を遂げていった。そして動物のなかでも最も知能を発達させた猿と人間との頭脳の差は、火を使って料理をすることで生まれたといわれている。獲物を追って移動しながら暮らす狩猟生活から、農耕をはじめ、種をまいて収穫し、それを火を使って料理し、人類はある一定の地域へ定住するようになった。収穫した獲物や食材を塩漬けにしたり、干したり、発酵させることを発見して、人類は豊かな文明を築いていったのである。もともと食べられないものを食べられるものへと変化させる工夫から、料理が生まれたものもある。豊かな人間は最も食べやすい部分を食べるが、貧しい人々はそのままでは食べられないものを加工して食糧に変えた。さらに祭りでの供物や料理の発達により、その土地独自の食文化が生まれていったわけである。

つまり、「料理」は、人類の進化の源であるといっても過言ではない。この地球上で、さまざまな国の気候、風土や歴史によって、身土不二の食材があり、調味料が生まれている。人は生きていくためだけの食事から、「料理」をして旨いものを食べる喜びを知るようになった。そしてより効率よく料理するための調理器具が生まれ、料理をよりおいしそうに盛り付ける器を洗練させていった。

地球上の国の数だけ、いや、それ以上にたくさんの郷土料理があり、食文化があるが、一見まとまりようのない個性あふれる世界の料理を、料理方法論としてひとつの方程式に導いていったのが「料理の四面体」のベースではないだろうか。この地球上に存在する膨大な料理方法、地球上のあらゆる料理を、「空気」・「水」・「油」という三角形を底辺にとらえ、「火」という時間と量の変化の過程で解明する方程式が、玉村さんの四面体の発想なのである。

幾つかの料理を覚え、「料理の四面体」方程式にあてはめると、次から次へとレパートリーが無限に広がっていく、と玉村さんは語っている。世界各国、各民族の料理は違った料理として登場してくるが、所詮、人間のやる料理の手法にはそう変わりはなく、一定の方程式にあてはまると書かれてある。

たとえば、アルジェリア式羊肉シチューやコトゥレット・ド・ムトン・ポンパドゥールなど食べたことのない人でも、豚肉の生姜焼きくらいは食べたことがあろう。その原理は同じである。新しいレシピを丸暗記することなく、作り方の要点さえ押さえておけば、さらに夢のように新しい料理へと広がっていくはずだ。

要するに、料理をするということは、道具や調味料の差異はあれ、「空気」「水」「油」という要素が「火」の介在によって素材をいろいろな料理へと変化させることである。その四面体のどの位置にするかをあてはめて考え、その一点を動かすことにより、違った形の料理へと導いてくれるということをいとも簡単に玉村さんは語っている。しかし、この四面体方程式に気づくことが最大の難関ではないだろうか。

今でこそ、料理を生業としている私でも、三十年前にはこの方程式すら理解できなかったのだから。料理の経験を積むことで、この方程式が、レシピを考えるときに、最もシンプルで、かつ理にかなっている考え方であると、あらためて気がついたのである。レシピ作りの基本は、素材の下処理から、刻み、加熱というプロセスの一つずつの理屈を理解することにあり、そこから創造的な新しいレシピへの扉が開けるのだと思う。突拍子もないような手法や道具、ましてや珍しい調味料から生まれる料理などはひとつもないと確信する。

三十年前、私にはまったく理解できなかった不可解な料理方程式を、まだ三十歳前後だった玉村さんが生み出せたのはなぜだろうかと考えてみた。

それは、私のように一日の大半を調理場で過ごし、料理の世界だけにとっぷり浸かる人間からは生み出されようはなかったと感じている。料理を学ぶ者がひとつのラインに沿って覚えていくことを、玉村さんは好奇心旺盛に、興味がある食べ物を放浪しながら学んでいき、一方で正確に勉強もされていたのであろう。「食う」ことへの飽くなき情熱から生まれた料理方程式に他ならないのではないだろうか。

玉村さんについて私は一部しか存じ上げていないけれど、それでもその根底にあると思われるのは、破壊的ではなく創造的な情熱、ちょっとしたユーモアのセンスを加えることを忘れない快楽主義的な本能だと思う。そして、非常に緻密な研究や計算が自由な精神を支えている。そうした玉村さんの生き方がそのまま、この四面体にも反映されているように思う。玉村豊男というエッセイストであり、作家であり、繊細なる画家、農民であり、ワインの作り手、レストランのオーナー、テレビのコメンテーターといった有機的なマルチな才能の持ち主だからこそ、生み出しえたものであろう。

昨今、玉村さんと仕事を通じて交流をするようになり、「料理の四面体」は、新しいステージに変化を遂げているように感じている。「絵」「文字」「食」という三角形に欲望という「情熱」を頂点として完成する「玉村豊男四面体」という一人の人間として、私が近い将来の憧れとして思い描くような人生の方程式を自ら実践されている。

読者には「料理の四面体」を読み、何年か経過して、もう一度、じっくり読み返していただきたいと願う。私がそうであったように、まだ熟成の若い人にはこむずかしく思われるかもしれないが、四面体の方程式の奥深さに気づいたときの喜びは、時を超えてほどよい熟成のワインを口にしたときの感動に近いものだ。

（「アクアパッツァ」シェフ）

単行本　一九九九年四月　ＴａＫａＲａ酒生活文化研究所刊

中公文庫

料理《りょうり》の四面体《しめんたい》

2010年2月25日　初版発行
2024年8月30日　11刷発行

著　者　玉村《たまむら》 豊男《とよお》

発行者　安部 順一

発行所　中央公論新社
〒100-8152　東京都千代田区大手町1-7-1
電話　販売 03-5299-1730　編集 03-5299-1890
URL https://www.chuko.co.jp/

DTP　嵐下英治
印　刷　三晃印刷
製　本　小泉製本

Published by CHUOKORON-SHINSHA, INC.
Printed in Japan　ISBN978-4-12-205283-3 C1195

中公文庫既刊より

各書目の下段の数字はISBNコードです。978－4－12が省略してあります。

た-33-9
食客旅行　玉村豊男
香港の妖しい衛生鍋、激辛トムヤムクンの至福、干しダコとエーゲ海の黄昏など、旅の楽しみイコール食の愉しみだと喝破する著者の世界食べ歩き紀行。
202689-6

た-33-15
男子厨房学入門《メンズ・クッキング》　玉村豊男
「料理は愛情ではない、技術である」「食べることの経験はつくることに役立たないが、つくることの経験は食べることに役立つ」超初心者向け料理入門書。
203521-8

た-33-16
晴耕雨読ときどきワイン　玉村豊男
著者の軽井沢移住後数年から、ヴィラデスト農園に至る軽井沢、御代田時代（一九八八～九三年）を綴る。題名のライフスタイルが理想と言うが……。
203560-7

た-33-19
パンとワインとおしゃべりと　玉村豊男
大のパン好きの著者がフランス留学時代や旅先で出会ったさまざまなパンやワインと、それにまつわる愉快なエピソードをちりばめたおいしいエッセイ集。
203978-0

た-33-20
健全なる美食　玉村豊男
二十数年にわたり、料理を自ら作り続けている著者が、客へのもてなし料理の中から自慢のレシピを紹介。食文化のエッセンスのつまったグルメな一冊。カラー版
204123-3

た-33-21
パリ・旅の雑学ノート　カフェ／舗道／メトロ　玉村豊男
在仏体験と多彩なエピソードを織り交ぜ、パリの尽きない魅力を紹介する。'60～'80年代のパリが蘇る、ウィットとユーモアに富んだ著者デビュー作。
205144-7

た-33-24
美味礼讃（上）　ブリア＝サヴァラン　玉村豊男 編訳・解説
美食家としての情熱と蘊蓄を科学的知見をもとに掘り下げ、食べることが人間と社会にとっていかに重要であるかを説いた美味学の原典。新編集による決定版。
207018-9

た-33-25
美味礼讃（下）
ブリア＝サヴァラン
玉村豊男 編訳・解説
新しい料理の発見は人類の幸福にとって天体の発見以上のものである――。原著『味覚の生理学』が、大胆な編集と平易な訳文、親しみやすい解説で新たに甦る。
207019-6

あ-13-6
食味風々録
阿川弘之
生まれて初めて食べたチーズ、向田邦子との美味談義、海軍時代の食事話など、多彩な料理と交友を綴る、自叙伝的食随筆。〈巻末対談〉阿川佐和子〈解説〉奥本大三郎
206156-9

あ-66-1
舌 天皇の料理番が語る奇食珍味
秋山徳蔵
半世紀以上を天皇の料理番として活躍した著者が「舌は味覚の器であり愛情の触覚」と悟った極意をもって秘食強精からイカモノ談義までを大いに語る。
205101-0

あ-66-2
味 天皇の料理番が語る昭和
秋山徳蔵
半世紀にわたって昭和天皇の台所を預かり、日常の食事と無数の宮中饗宴の料理を司った「天皇の料理番」が自ら綴った一代記。〈解説〉小泉武夫
206066-1

あ-66-4
料理のコツ
秋山徳蔵
高級な食材を使わなくとも少しの工夫で格段に上等な食卓になる――「天皇の料理番」が家庭の料理人に向けて料理の極意を伝授する。〈解説〉福田 浩
206171-2

き-7-3
魯山人味道
北大路魯山人
平野雅章 編
書・印・やきものにわたる多芸多才の芸術家・魯山人が終生変らず追い求めたものは〝美食〟であった。折りに触れ、書き、語り遺した美味求真の本。
202346-8

き-7-5
春夏秋冬 料理王国
北大路魯山人
美味道楽七十年の体験から料理する心、味覚論語、食通閑談、世界食べ歩きなど魯山人が自ら料理哲学を語り、手掛けた唯一の作品。〈解説〉黒岩比佐子
205270-3

こ-30-1
奇食珍食
小泉武夫
蚊の目玉のスープ、カミキリムシの幼虫、ヒルのソーセージ、昆虫も爬虫類・両生類も紙も灰も食べつくす、世界各地の珍奇でしかも理にかなった食の生態。
202088-7

各書目の下段の数字はISBNコードです。978－4－12が省略してあります。

た-22-2
料理歳時記 辰巳浜子
いまや、まったく忘れられようとしている昔ながらの食べ物の知恵、お総菜のコツを四季折々約四百種の材料をあげながら述べた「おふくろの味」大全。
204093-9

た-34-5
檀流クッキング 檀一雄
この地上で、私は買い出しほど好きな仕事はない――という著者は、人も知る文壇随一の名コック。世界中の材料を豪快に生かした傑作92種を紹介する。
204094-6

つ-2-11
辻留・料理のコツ 辻嘉一
材料の選び方、火加減、手加減、味加減――「辻留」の二代目主人が、料理のコツのコツをやさしく手ほどきする。家庭における日本料理の手引案内書。
205222-2

つ-2-13
料理心得帳 辻嘉一
茶懐石「辻留」主人の食説法。ひらめきと勘、盛りつけのセンス、よい食器とは、昔の味と今の味、季節季節の献立と心得を盛り込んだ、百六題の料理嘉言帳。
204493-7

つ-2-14
料理のお手本 辻嘉一
ダシのとりかた、揚げ物のカンどころ、納豆に豆腐にお茶漬、あらゆる料理のコツと盛り付け、四季のいろどりも豊かな、家庭の料理人へのおくりもの。
204741-9

つ-26-1
フランス料理の学び方 特質と歴史 辻静雄
フランス料理の普及と人材の育成に全身全霊を傾けた著者が、フランス料理はどういうものなのかについてわかりやすく解説した、幻の論考を初文庫化。
205167-6

ま-17-13
食通知ったかぶり 丸谷才一
美味を訪ねて東奔西走、和漢洋の食を通して博識が舌上に転がすは香気充庖の文明批評。序文に夷齋學人・石川淳、巻末に著者がかつての健啖ぶりを回想。
205284-0

む-27-2
食道楽 村井弦斎 村井米子編訳
和洋中、四季折々、多種多様の料理をレシピと共に味わうグルメ小説の元祖。明治期空前のベストセラーを読みやすくコンパクトな現代語抄訳で初めて文庫化。
206641-0